KB266863

소그룹의 혁신

- 교회의 본질에서 교회의 미래로 -

이평강 저

소그룹의 혁신

이평강 저

INNOVATION
교회의 본질에서 교회의 미래로

킹덤처치연구소
KINGDOM CHURCH INSTITUTE

CONTENTS

추천사

한국교회는 지금 교회의 본질을 다시 묻는 중요한 전환의 시기를 지나고 있습니다. 이러한 때에 이평강 목사님의 『소그룹의 혁신』은 교회 공동체의 본질을 소그룹이라는 실제적인 삶의 자리에서 다시 성찰하도록 이끄는 귀한 책이다.

저자는 오랜 시간 셀코치로서 한국교회의 셀 사역을 섬기며 수많은 교회와 목회자들을 돕는 사역에 헌신해 왔다. 그 과정에서 단순한 소그룹 운영 방법을 넘어, 교회 공동체의 본질과 소그룹 사역의 방향에 대해 깊이 고민해 왔다.

이 책의 의미는 셀교회론과 선교적 교회론이 서로 다른 이론이 아니라 동일한 본질을 향하고 있음을 보여준다는 데 있다. 공동체적 삶과 평신도의 사역을 강조하는 셀교회론과 세상 속으로 파송된 공동체를 강조하는 선교적 교회론은 결국 하나의 복음적 흐름 안에 있기 때문이다. 저자는 이 두 흐름을 통합적으로 이해하며 소그룹을 교회 안의 모임을 넘어 세상 속으로 흩어지는 선교적 플랫폼으로 제시한다.

이 책은 선교적 교회라는 신학적 담론을 목회 현장의 실제적 구조와 연결시키는 귀한 통찰을 담고 있다. 한국교회가 공동체적 신앙과 일상의 선교를 회복하는 데 이 책이 좋은 길잡이가 되기를 기대하며 기쁜 마음으로 추천한다.

김성겸 목사

(안산동산교회 담임목사)

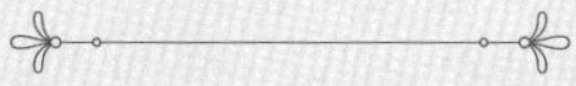

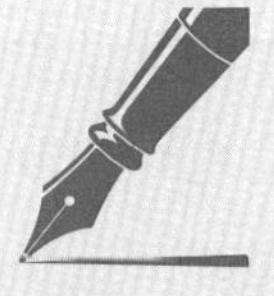 오늘 한국교회는 중요한 전환점 앞에 서 있다. 한때 교회의 성장을 견인하던 다양한 프로그램과 사역 구조는 여전히 유지되고 있지만, 그것이 교회의 생명력을 보장해주지는 못하고 있다. 교회는 여전히 모이고 있지만 공동체적 깊이는 약화하고 있으며, 사역은 많지만 성도들의 자발적인 참여는 점점 줄어들고 있다. 이러한 상황 속에서 우리는 다시 근본적인 질문을 던지게 된다. 교회는 무엇인가? 그리고 교회는 무엇을 위해 존재하는가?

이평강 목사의 『소그룹의 혁신』은 바로 이 질문에서 출발하는 책이다. 이 책은 단순히 소그룹 사역의 운영 방법을 제시하는 실천 지침서가 아니다. 오히려 교회의 본질에 대한 신학적 성찰에서 시작하여, 그 본질이 오늘날 교회의 삶 속에서 어떻게 구현될 수 있는지를 탐구하는 목회적 제안

이라 할 수 있다. 저자는 교회를 삼위일체 하나님의 선교(Missio Dei)에 참여하는 공동체로 이해하며, 교회의 사역이 프로그램이나 구조의 문제가 아니라 정체성의 문제라는 사실을 강조한다.

특히 이 책이 주목할 만한 이유는 저자가 목회 현장에서 오랫동안 관찰해 온 소그룹 사역의 한계를 정직하게 진단한다는 점이다. 많은 교회들이 소그룹 시스템을 도입하지만, 시간이 지나면서 점차 동력을 잃고 침체에 빠지는 현상을 경험한다. 저자는 이러한 현실을 '3/5/7 현상'이라는 개념으로 설명하면서, 그 원인을 단순한 운영 방식이나 프로그램의 문제에서 찾지 않는다. 오히려 교회의 본질에 대한 이해 없이 구조만 도입했기 때문에 나타나는 문제라고 분석한다. 이러한 진단은 오늘날 한국교회가 직면한 현실을 매우 정확하게 짚어내는 통찰이라 할 수 있다.

저자가 제시하는 대안 역시 단순한 기술적 해법이 아니다. 그는 소그룹을 교회의 부속 조직이나 친교 모임으로 이해하는 기존의 관점을 넘어, 소그룹 자체를 '모이고 흩어지는 선교적 플랫폼'으로 재해석한다. 즉, 소그룹은 단순한 교제의 공간이 아니라 교회의 본질이 가장 실제적으로 드러나는 공동체이며, 동시에 성도들이 자신의 삶의 자리에서 하나님 나라의 사명에 참여하도록 파송되는 자리라는 것이다. 이러한 관점은 최근 논의되고 있는 선교적 교회론과 깊이 맞닿아 있으며, 교회의 존재 목적을 다시 성찰하게 만드는 중요한 신학적 통찰을 제공한다.

교회의 미래는 거대한 조직이나 새로운 프로그램에서 시작되지 않는다. 오히려 복음을 살아내는 작은 공동체에서 시작될 가능성이 크다. 그런 의미에서 이 책은 교회의 본질을 다시 묻고, 그 본질을 가장 실제적인 삶의 자리에서 구현하려는 모든 목회자와 평신도 리더들에게 의미 있는 통찰을 제공할 것이다. 교회의 본질을 고민하는 모든 이여! 이 책을 설렘과 기쁨으로 읽고 본인들의 교회에 적용하라.

박성진 목사

(미드웨스턴 아시아부 학장/구약학 교수)

소그룹은 신앙생활과 교회의 본질이며, 초대교회뿐 아니라 현대교회에서 목회 사역의 핵심적인 부분이다. 코로나로 인해 온라인과 오프라인의 경계를 넘어선 세상이 이제는 AI시대라는 새로운 세상의 폭풍 속으로 들어가고 있다. 또한 MZ세대의 출현은 과거와 다른 새로운 커뮤니케이션을 필요로 한다.

앞으로 우리가 만나게 되는 소그룹의 미래는 어떻게 될 것인가? 한국교회에서 이 부분에 대하여 자신 있게 대안을 제시할 전문가는 많지 않다.

이평강 교수는 20여 년간 셀 교회를 직접 설계하고, 업그레이드시켰으며, 수백 개의 한국교회를 다니면서 강의하고, 코칭하며, 컨설팅해 온 소그룹 분야에서 최고의 권위를 가진 전문가이다.

그는 이론에만 머물지 않고, 늘 목회와 사역의 현장에서 모델을 제시해왔고, 교회 안의 소그룹뿐 아니라 세상을 변화시키는 선교적 소그룹의 대안을 제시한다. 이제 한국교회의 소그룹은 이평강 교수의 코칭에 귀를 기울여야 할 것이다.

송창근 교수

(미드웨스턴 신학교 교수 및 한국지역 디렉터, 블루라이트 강남교회 담임목사)

 원고를 받아보고 깜짝 놀랐다. 교회의 본질과 소그룹의 실제를 너무나 정교하게 연결하고 있었기 때문이다. 내가 20년 전 교회를 개척할 때 저자는 이미 소그룹 전문가였다. 나는 저자의 강의를 듣고 소그룹 사역을 통해 건강한 교회를 세워왔다. 이 지면을 통해 진정한 감사를 표한다.

이 책은 소그룹을 두 가지로 정의한다는 점에서 혁신적이다. 저자가 정의하는 소그룹은 교회의 본질적 기능을 가진 에클레시아이며, 선교적 교회를 위한 플랫폼이다. 따라서 이 책의 원리를 따른다면 소그룹을 통해 성도는 관리되는 것이 아니라 하나님의 선교에 참여하는 일상에서의 선교사가 되는 것이다.

필자는 교회에 속하였으나 목회에 매몰된 담임목사가 아니라 소그룹 사역을 하며 다양한 교회의 소그룹 사역을 컨설팅한 진정한 전문가다. 소그룹 사역을 이미 하고 있는 교회도 이 책을 통해 다시 사역을 점검하면 참 좋으리라 믿는다. 소그룹 사역을 하지 못하는 교회라면 말할 필요도 없을 것이다.

이종필목사

(세상의빛교회 담임, 칼빈대학교 교수, 킹덤처치연구소 대표)

오늘날 한국교회는 중요한 전환의 시기를 지나고 있다. 오랫동안 교회를 움직여 온 성장 중심의 목회 방식과 프로그램 중심의 사역 구조는 점점 그 한계를 드러내고 있으며, 많은 교회가 새로운 길을 찾기 위해 고민하고 있다. 그러나 교회의 미래는 단순히 새로운 프로그램을 도입하거나 더 효율적인 사역 방식을 찾는 데서 시작되지 않는다. 교회가 다시금 자신이 누구이며 왜 존재하는지, 곧 교회의 본질과 정체성을 깊이 성찰하는 데서 시작된다.

이평강 목사의 『소그룹의 혁신』은 바로 이러한 질문에서 출발한 책이다. 저자는 오랜 목회 사역과 교회 컨설팅 현장에서 한국교회의 소그룹 사역을 가까이 지켜보며, 그 안에 담긴 가능성과 동시에 반복되는 한계를 깊이 고민해 왔다. 많은 교회가 소그룹을 도입하지만, 시간이 흐르면서 열정이 식고 정체성의 혼란을 경험하는 경우가 적지 않다. 이 책은 이러한 현상을 단순한 운영 방식의 문제가 아니라 교회 이해와 목회 패러다임의 문제라는 더 깊은 차원에서 진단한다.

성경이 증언하는 교회는 본질적으로 선교적 공동체이다. 교회는 선교를 수행하는 기관이기 이전에 삼위일체 하나님의 선교 안에서 부름 받고 세상으로 보냄 받은 공동체이다. 그러므로 교회의 삶은 교회 건물 안에서 이루어지는 활동에 머물 수 없다. 성도들의 일상, 곧 가정과 일터와 지역 사회 속에서 하나님 나라를 드러내는 삶으로 확장되어야 한다.

이 책의 중요한 통찰은 바로 이 지점에서 소그룹의 의미를 새롭게 조명한다는 데 있다. 저자는 소그룹을 단순한 친교 모임이나 교회의 한 프로그램으로 이해하지 않는다. 오히려 소그룹을 '교회 안의 작은 교회'이며 동시에 세상 속으로 파송되는 선교적 공동체로 바라본다. 이러한 관점에서 소그룹은 교회의 주변 구조가 아니라, 교회의 본질적인 삶이 가장 실제적으로 드러나는 자리라고 할 수 있다.

특별히 이 책이 강조하는 중요한 메시지는 교회의 선교적 사명이 모든 성도에게 주어졌다는 사실이다. 교회의 사명은 목회자 몇 사람의 사역으로 이루어지는 것이 아니라, 하나님께서 부르신 성도들이 각자 삶의 자리에서 복음을 살아낼 때 비로소 풍성하게 나타난다. 교회는 성도들을 단순한 참여자로 머물게 하는 공동체가 아니라, 세상 속으로 파송된 하나님의 사람들로 세워 가는 공동체가 되어야 한다.

『소그룹의 혁신』은 이러한 신학적 통찰을 실제 목회 현장 속에서 어떻게 구현할 수 있는지에 대한 구체적인 방향을 제시한다. 선교적 소그룹이 갖추어야 할 핵심 요소와 실제적인 전환의 길을 함께 제시한다는 점에서, 이 책은 새로운 길을 모색하는 많은 목회자와 교회 지도자들에게 귀한 안내가 될 것이다.

교회는 언제나 변화하는 시대 속에서 하나님께서 주시는 새로운 부르심에 응답하며 길을 걸어왔다. 이 책이 한국교회의 많은 공동체가 교회의 본질을 다시 발견하고, 세상 속에서 하나님 나라를 살아내는 선교적 공동체로 새롭게 세워지는 데 의미 있는 이정표가 되기를 기대한다.

최동규 교수
(서울신학대학교)

서문

소그룹의 혁신

지금까지 필자의 소그룹 사역에 영향을 준 두 거장이 있다. 한 분은 셀 교회 운동을 주도한 랄프 네이버(Ralph W. Neighbour) 목사이고, 또 한 분은 GOCN(The Gospel and Our Culture Network)의 멤버이자, TMN(The Missional Network)을 설립한 알랜 락스버그(Alan Roxburgh) 교수이다.

랄프 네이버 목사는 소그룹의 필요성과 역동성을 강조함으로써 필자의 목회 방향을 셀(소그룹) 사역으로 이끄는 데 지대한 영향을 미쳤다. 필자는 고등학생 시절에 HCCC(High School Campus Crusade for Christ)를 필두로 대학생 때는 IVF에서 소그룹을 경험하였다. 누구보다 소그룹을 일찍 경험한 사람 중의 한 명이다. 그만큼 소그룹에 익숙하였고, 소그룹 활동에도 적극적이었다. 그러나 이러한 소그룹이 교회 현장에서는 영향력을 잃었을 뿐 아니라, 참여할 목적도 상실하였다. 그러던 중 NCD와 TOUCH KOREA에서 사역하면서 소그룹의 중요성을 랄프 네이버 목사를 통해 깨닫고 지금까지 줄곧 셀(소그룹) 사역에 매진하였다. 특히 셀 교회로 전환하려던 안산동산교회에 합류하여 청년부 셀을 직접 이끌면서 셀 커리큘럼과 양육 교재 개발, 리더십 훈련, 코칭 사역 등을 이끌면서 한국교회 셀 교회 운동에도 참여하였다. 그리고 큰숲 네트워크를 기획, 운영하면서 셀 교회로 전환하는 한국교회를 컨설팅하고 목회자 코칭을 하게 되었다. 이렇게 오랫동안 개척교회부터 중대형교회까지 컨설팅과 코칭 사역을 병행하는 과정에 예상하지 못한 문제에 봉착하였다. 바로 셀 교회의 "3/5/7" 현상이다.

셀 교회로 전환한 교회들은 대부분 모델교회의 양육커리큘럼으로 리더 양성훈련에 집중하였다. 그런데 이러한 적용은 셀 커리큘럼 도입 3년 차에 첫 번째 위기를 맞이하는데, 양육훈련에 참여자 부족으로 운영의 어려움을 겪는다. 양육훈련에 참여하는 1기 그룹은 대부분 교회의 헌신자들이다. 이들은 교회 사역에 적극적이며, 주도적이다. 그래서 첫 양육훈련은 큰 어려움 없이 운영되지만, 2기, 3기부터는 능동적 참가자보다 수동적 참가자가 더 많아 프로그램 운영이 쉽지 않았다. 겉으로는 참여율의 문제지만, 실상은 패러다임 전환보다 가시적인 프로그램을 먼저 도입한 결과이다. 그뿐만 아니라, 셀 전환 이전의 소그룹 모임과 새로운 셀 모임의 차별성 부재로 이때쯤 영적 동기부여에 의문이 생기기 시작한다.

두 번째 위기는 전환 5년 차에 나타난다. 그나마 연명했던 훈련 참여 인원마저 고갈되면서 양육훈련이 중단되고, 한편으로 셀모임의 매너리즘으로 참여율 저하와 리더의 탈진 현상이 나타난다. 이때부터 셀(소그룹)의 정체성 한계와 참여에 부정적 분위기가 확산하여 셀모임은 침체를 겪게 된다.

그리고 7년 차에는 당회 차원에 목회적 의문이 제기된다. 이는 교회 성장에 한계와 영적 분위기 침체 그리고 리더의 헌신 부재 등 회의론에 대한 책임이다. 다시 말해 이때쯤 셀 목회가 교회 차원에 어떤 성과를 보였는지 평가하게 되고, 결과적으로 목회에 의문이 제기된다.

이러한 과정에서 셀(소그룹) 목회의 포기는 통상적으로 3년 차에 20~30%, 5년 차에 50~60%, 7년 차에 80% 이상으로 나타난다. 물론 이와 관련된 객관적인 통계 자료는 없지만, 목회 현장에서의 경험치로 이 정도 수치를 체감할 수 있다.

이러한 "'3/5/7 현상'이 왜 생기는가? 그리고 해결책은 무엇인가?" 필자는 미궁에 빠졌다. 셀교회의 문제점을 해결하기 위해 여러 시도를 했지만 찾지 못하고, 이 문제의 핵심은 목회자 자신이라는 결론을 내릴 시점에 하나님은 새로운 터닝 포인트를 만나게 하셨다. 알랜 락스버그 교수와의 만남이었다. 락스버그 교수에게 4~5년 동안 훈련받으면서, 교회의 '부르심 받음과 흩어짐'의 선교적 교회의 정체성을 발견하였다. 그러나 이 감동도 잠깐, 여전한 딜레마는 락스버그가 말했듯이 선교적 교회가 이상적이고 추상적인 개념이라는 것이다[1].

다시 말해, 삼위일체 하나님의 선교에 참여하는 교회가 실질적으로 어떻게 목회 현장에 구현하느냐는 방법론의 문제이었다. 그리고 지금의 선교적 교회 운동이 세상으로 흩어짐에 치중하다 보니 기존의 모이는 교회의 역동성이 약화하는 문제이다. 이는 교회의 모이는 것과 흩어짐이라는 정체성의 균형감 상실이었다. 삼위일체 하나님의 선교에 참여하기 위해 교회는 흩어짐의 정체성도 있지만, 여전히 부르심 받은 교회의 모이는 정

---

1) 알랜 락스버그·스캇 보렌, 『선교적 교회 입문』, 이후천·황병배·이은주 역, (고양: 한국교회선교연구소, 2014), 25-32.

체성도 포함한다. 그런데도 지금의 선교적 교회 운동은 흩어짐의 방향으로 조금은 치우쳐 있다.

또한 선교적 교회 운동의 주관이 여전히 교회라는 점이다. 담임목사가 주도한다든지, 교회 자체가 카페나 공간, 도서관, 혹은 마을사업 형태로 운영되는 한정성이다. 선교적 교회 운동의 핵심은 성도이어야 한다. 선교적 운동은 평신도 운동과 관련이 있다. 세상으로 파송되는 교회가 성도이기 때문이다. 성도 스스로 자신의 일상과 일터 그리고 거주하는 지역사회에서 일상의 선교사이어야 함에도 여전히 교회가 선교적 운동을 주도하다 보니 성도는 수동적 참여에 그친다. 그리고 성도들의 일상에서의 선교적 삶보다 교회의 사역이나 프로그램 중심의 선교적 실천이 더 많이 나타나고 있다.

그래서 필자는 선교적 교회 운동은 실질적 코이노니아인 소그룹이 선교적 플랫폼이 되어 직접 성도들이 '모이고 파송'하는 기관이 되어야 한다고 주장한다.

왜냐하면, 소그룹 자체가 교회 공동체이기 때문이다. 필립 야콥 슈페너(Philipp Jakob Spener)가 소그룹을 '교회 안의 작은 교회'로 보았듯이 소그룹은 작은 교회의 본질을 내포하고 있다. 그러기에 지금의 소그룹을 교회의 부설기관으로 보지 않고, '모이고 흩어지는 플랫폼'으로 재해석해야 한다.

코로나 팬데믹 이후에 한국교회 현상을 진단하며, 방향성을 제시하고 있는 목회데이터연구소에서 매번 목회 트렌드로 소그룹을 강조하지만, 문제는 소그룹의 정체성이나 운영 방법 그리고 방향성에 대해서는 여전히 제시하지 못하고 있다. 이것은 본질적인 문제이자 목회철학과 관련 있기 때문이다. 소그룹은 공동체성을 지향하는 작은 규모의 조직이나 친교 매개체가 아니라, 그리스도의 몸으로서 하나님 나라에 참여하는 플랫폼으로 재인식해야 한다.

본서는 이러한 소그룹의 혁신을 소그룹의 원형인 교회의 본질에서부터 시작하였다. 특히, 최근 활발하게 논의되는 선교적 교회론은 모이고 흩어짐이라는 교회 본질적 특성을 지향하므로, 이를 교회의 원형적 근거로 삼았다. 더 나아가, '교회 안의 작은 교회'이자 '교회 밖에 작은 교회'로서의 선교적 소그룹에 관하여 심층적인 논의를 전개하였다.

또한 소그룹이 선교적이어야 하는 이유와 선교적일 때 지녀야 할 6가지 요소를 제시하였다. 물론 선교적 요소는 6가지로 한정될 수 없다. 더 다양한 요소들이 있지만, 여기서는 핵심적인 6가지만 제안하고자 한다.

한국교회의 허리 세대인 3040세대의 신앙의 정체성은 어느 때보다 중요하다. 자신의 일상과 일터 그리고 가정에서 그리스도인의 정체성을 지니지 못하면, 신앙의 방향을 잃게 된다. 새로운 환경에 민감한 3040세대는 기존의 신앙방식이나 훈련에 만족하지 않는다. 자신이 서 있는 변화무쌍한 일상과 사회 시스템에도 여전히 영향력 있는 그리스도인의 기본 양식을 필요로 한다. 그런 점에서 선교적 요소 6가지는 3040세대에게 올바른 정체성을 제공할 것이다.

이와 함께 일반 소그룹을 선교적 소그룹으로 전환하는 로드맵을 제시하였다. 교회에서 이 로드맵을 적용할 때 필자의 제안을 그대로 수용하기보다는 목회자 자신의 목회철학과 교회 상황을 고려해서 유연하게 적용하기를 권한다. 여기서 제시하는 로드맵은 여러분의 선교적 여정에 필요한 지도를 만드는 틀을 제공할 뿐이다. 스스로 성령님의 이끄심에 순종하며 여러분만의 선교적 로드맵을 그리기를 바란다.

지금은 불확실성 시대이다. 지금까지 교회를 지켜 온 규칙도, 방법도 통하지 않는 시대이다. 교회가 교회답다는 것은 성경적 교회를 일컫는 말이다. 우리는 이 시대의 불확실성을 해석하고, 이 시대에 교회가 가야 할 지도를 다시 그려야 한다. 락스버그가 『Missional Map-Making』에서 교회는 과거의 지도를 들고 길을 찾는 게 아니라, 새로운 방향, 새로운 문화, 새로운 세대를 진단하며, 성령님이 안내하는 새로운 지도를 제작해야 한다고 했다. 필자도 본서를 통해 안개가 자욱한 오솔길을 걷는 우리의 선교적 여정에서 새로운 지도를 제작하는 지혜를 나누기를 원한다.

1부
선교적 교회

교회는 왜 존재하는가?

한국교회는 중대한 기로에 서 있다. 수적 성장주의의 한계가 명백하고, 프로그램 위주의 사역 방식은 더 이상 성도들의 자발적인 참여를 유도하기 어렵게 되었다. 교인 수 감소, 리더십의 소진, 그리고 소그룹 활동의 본질적 의미 상실이라는 현상이 심화하고 있다. 이처럼 교회가 사회적 신뢰를 상실한 시점에서 우리는 교회의 본질적 존재 목적에 대해 질문해야 한다. 이러한 질문은 단순히 교회 공동체를 재편성 방안을 모색하는 데 그치지 않고 다음과 같은 본질적인 질문을 해야 한다.

"교회는 왜 존재하는가?"
"하나님은 교회를 통해 무엇하기를 원하시는가?"

선교적 교회(Missional Church)는 이 질문에 성경적 근거와 시대적 요구에 부합하는 응답을 제시한다. 교회는 세상 속에서 하나님 나라의 임재를 가시화하기 위해 존재한다. 교회는 특정 프로그램이나 물리적 공간이 아닌, 살아있는 공동체이자 실천적인 삶 자체이다. 그리고 그 삶은 '부름받아 세상으로 파송된 자들'의 삶이다. 이는 교회가 본질적으로 선교적 공동체임을 의미한다.

그러나 한국교회에 유입된 선교적 교회 담론은 종종 신학적, 추상적 성격이 강하여 실제 목회 현장에 적용하기에는 거리감이 있다. 그래서 '교회 안의 교회'이자 '교회 밖의 교회'로서의 소그룹을 선교적 플랫폼으로 전환하여 삼위일체 하나님의 선교에 참여하는 '선교적 소그룹'을 모색하였다. 선교적 소그룹은 교회의 본질을 가장 작고 실제적인 삶의 자리에서 구현해내는 플랫폼으로서의 공동체적 실천이다.

1부에서는 선교적 교회의 개념과 오늘날 한국교회가 이러한 정체성을 회복해야 하는 당위성과 선교적 플랫폼으로서 선교적 소그룹의 가능성을 탐구한다.

소그룹의 혁신

- 교회의 본질에서 교회의 미래로 -

1장

선교적 교회

선교적 교회(Missional Church) 개념은 사역 전략이나 목회 모델을 넘어, 교회의 존재론적 본질과 정체성에 대한 근본적인 질문에서 시작한다. 즉, "교회란 무엇인가?", "교회는 왜 존재하며 그 목적은 무엇인가?", "세상 속에서 교회의 역할과 위상은 어떠해야 하는가?"와 같은 물음들은 20세기 후반 이래 교회론 분야의 핵심적 쟁점으로 부상하였고, 선교적 교회론은 바로 이러한 신학적, 역사적 질문들에 대한 심층적 대답에서 태동하였다. 특히, 선교적 교회의 등장은 서구 사회의 급격한 변화와 더불어 교회의 공적 영향력이 약화하는 역사적 맥락에 기인하는데, 이러한 환경적 특성은 오늘날 한국교회가 직면한 현실과 유의미한 유사성을 지닌다. 이런 맥락 속에서 선교적 교회론은 불확실성의 시대에 한국교회가 나아가야 할 방향성을 제시하는 중요한 담론으로 평가할 수 있다.

1) 계몽주의에 의한 교회 정체성의 위기

17세기 후반에서 18세기에 걸쳐 유럽에 등장한 계몽주의는 중세적 세계관과 기독교적 권위에 도전을 제기한 인류사적 전환이었다. 계몽주의는 인간 이성을 최고의 판단 기준으로 삼았으며, 오랫동안 진리의 최종 근거였던 '계시'와 '교회 권위'를 인간의 이성으로 본격화하였다. "감히 알라(Sapere Aude)!"라는 칸트(Immanuel Kant)의 구호처럼[2], 인간은 이제 스스로 사고하며, 더 이상 전통이나 신앙에 의존하지 않아도 된다고 인식이 나타나기 시작했다.

이러한 변화는 교회의 권위에 충격을 주었다. 성경의 권위는 객관적 진리가 아니라, 검증 가능한 이성의 검토 대상으로 전락하였고, 기독교 교리는 이성과 도덕성의 기준에 따라 평가받기 시작하였다. 교회의 권위는 점차 과학과 철학의 권위에 의해 대체되었으며, 종교적 설명은 신화적이고 비과학적인 것으로 간주하여 신앙은 공적 담론의 중심에서 벗어나 개인의 사적 경험으로 축소되었다.

또한, 계몽주의 철학자와 지식인은 기독교 신앙과 교회를 인간 이성과 진보의 발전을 방해하는 반이성적 권위 체계로 비판하였다. 볼테르(Voltaire)는 교회를 미신과 편견의 온상으로 간주하였고, 데이비드 흄(David Hume)은 기적과 계시에 대한 회의를 제기하며 종교적 믿음의 합리성 자체

---

2) 칸트가 1784년에 발표한 「계몽이란 무엇인가(Was ist Aufklärung?)」에서 사용한 표현이다.

를 흔들었다. 이러한 흐름은 신앙의 합리화로 이어졌고, 교회는 사회 변화를 이끄는 주체가 아닌, 변화의 저항자로 인식하기 시작하였다.

계몽주의는 신학 내부에도 영향을 주었다. 이성주의적 조류는 계시신학에서 윤리 중심의 신학으로, 초월적 신학에서 내재적 종교로 바뀌었다. 대표적으로 독일 신학자 프리드리히 슐라이어마허(F. Schleiermacher)는 종교를 '절대 의존의 감정'으로 정의하며 종교의 본질을 정서적, 개인적 경험으로 전환했다. 이는 결과적으로 교회의 공동체성과 공공성을 약화시켰다. 이후 자유주의 신학의 흐름 속에서 교회는 복음을 보편적 진리로 선포하기보다는 보편 윤리나 사회 개혁의 한목소리로 축소되었다.

이러한 사조의 영향은 결국 교회의 공적 권위의 약화, 복음의 상대화, 신앙의 사사화라는 결과를 낳았다. 교회는 더 이상 사회를 지도하는 중심세력이 아니라, 사적 영역에 머무는 한 기관으로 전락하였다. 복음은 진리를 해석하는 공공 담론이 아닌 개인의 내면을 위로하는 감정적 체험으로 왜곡되었고, 그 결과 교회는 사회 주변부로 밀려나게 되었다.

결과적으로 계몽주의는 교회의 존재론적 정체성에 대한 혼란을 초래하였고, 교회를 하나님 나라의 도구가 아닌, 인간 종교의 하나로 상대화시켰다. 이러한 지적, 문화적 정서는 훗날 탈 기독교 사회(post-Christendom)를 출현하게 했으며, 이는 선교적 교회론이 등장하게 된 가장 근본적인 역사적 배경 중 하나가 되었다.

2) 산업화와 도시화

19세기 이후 유럽은 급격하게 산업화, 도시화 되었다. 이는 농촌 중심의 공동체적 삶에서, 도시 중심의 분산적이고 개인주의적 삶으로 바뀌면서 공동체적 유대가 약화하고, 가족 중심, 마을 중심의 사회 구조가 해체하면서, 교회 역시 공동체 중심의 정체성을 잃게 되었다. 산업사회는 효율, 생산성, 경쟁이라는 가치관으로 운영되었고, 교회의 언어와 방식은 점차 시대와 괴리되었다. 교회는 새로운 사회 구조 속에서 역할을 상실했고, 그 결과 점점 제도화되고, 내부 지향적인 종교 기관으로 고착되었다. 교회는 스스로를 유지하기 위해 행정과 구조를 강화했지만, 세상 속에서의 영향력과 신뢰는 오히려 감소하였다.

이러한 변화 속에서 크리스텐덤(Christendom)은 붕괴하였고, 그 중심에 있던 교회는 정체성의 위기에 직면하여 더 이상 문화의 중심이 아니었고, 자명한 전제도 아니었다.

3) 탈 기독교 사회 속의 교회

20세기 중반, 인도에서 오랜 기간 선교사로 활동한 레슬리 뉴비긴(Lesslie Newbigin)은 은퇴 후 귀국하여 자신이 떠나온 영국이 새로운 선교지가 되어 있음을 직시하였다. 그는 서구 사회가 더 이상 기독교적 전제를 공유하지 않는 탈기독교 사회임을 선언하면서, 교회가 다시 '보냄 받은 존재'로서 복음을 증언해야 할 때가 되었다고 주장했다.

뉴비긴은 복음이 개인적 구원이나 종교 체험에 국한된 것이 아니라, 공적이고 우주적인 진리임을 회복할 것을 강조하였다[3]. 그는 교회를 성육

---

[3] 레슬리 뉴비긴, 『다원주의 사회에서의 복음』, 홍병룡 역, (서울: IVP, 2007), 102-105.

신적 공동체로 이해하였고, 교회는 지역 문화 속에서 하나님 나라의 징표이자 전조(sign and foretaste)로 살아야 한다고 했다. 이 사상은 이후 북미 신학자들과 목회자들에게 큰 영향을 미쳐 '선교적 교회'(missional church)라는 개념으로 발전하게 되었다.

4) 선교적 교회의 개념 정립과 신학적 전환

1998년 대럴 구더(Darrell Guder)를 중심으로 한 GOCN(Gospel and Our Culture Network)의 멤버들이 공저한 『Missional Church: A Vision for the Sending of the Church in North America』라는 책이 출간되면서, 선교적 교회 개념이 본격적으로 등장하였다. 이들은 기존의 '선교하는 교회' 개념을 넘어, 교회 자체가 존재론적으로 선교적 존재임을 선언하였다. 즉, 교회는 선교하는 기관이 아니라, 하나님의 선교로 태어난 존재라는 것이다. 이와 같은 선교적 교회론을 다음과 같이 재정의하였다.

- 교회는 하나님의 파송된 백성이다.
- 교회는 삼위일체 하나님의 사역 안에 참여하는 공동체이다.
- 교회는 모이는 곳이 아니라, 흩어지는 사명을 위한 존재이다.
- 교회는 세상 속에서 복음을 살아내는 해석 공동체이다[4].

위와 같은 정의는 교회의 정체성을 재편하는 것으로써, 콘스탄틴교회,

---

4) 대럴 구더 편저, 『선교적 교회』, 정승현 역, (인천: 주안 대학원대학교 출판부, 2016), 29-32.

제도적 교회에서 하나님의 창조적 교회, 즉 삼위일체 하나님의 선교에 참여하는 교회로 재해석하는 움직임이었다. 이것은 단순히 교회 사역의 재해석이 아니라, 교회의 본질과 목적을 점검하고 다시 성경적 교회로 돌아가려는 의도적인 운동이다.

5) 한국교회와의 연관성

한국교회는 세속화와 탈교회화로 인한 불확실성이 심화하는 시대를 경험하고 있으나, 여전히 전통적인 패러다임에 머물러 있다. 이에 따라 교회의 사회적 신뢰도 저하와 복음의 공공성 약화는 숙명처럼 받아지고 있다. 이러한 상황에서 선교적 교회는 한국교회가 본질적 존재에 대한 깊은 성찰을 요구하는 핵심적인 신학적 대안으로 주목받았다. 이는 선교적 교회가 단순히 특정 선교 프로그램이나 전도 전략을 지칭하는 것이 아니라, 교회의 본질에 대한 근본적인 재해석을 내포하고 있기 때문이다. 특히 17세기와 18세기 계몽주의가 이성 중심주의와 신앙의 사사화를 초래하여 교회를 사회의 주변부로 밀어냈던 역사적 상황이 오늘날 한국교회가 처한 현실과 유사하다는 점에서 중요한 시사점을 제공한다. 따라서 한국교회는 다시금 삼위일체 하나님의 파송 공동체로서의 정체성을 확립하고, 세상 속에서 복음의 살아있는 징표로서 그 위상을 재정립할 당위성과 긴급성을 가진다.

‘하나님의 선교(*Missio Dei*)’는 선교적 교회론의 핵심적인 신학적 근거이다. 1952년 독일 빌링겐(Willingen)에서 열린 IMC(국제선교협의회) 회의에서 "선교의 주체는 교회가 아니라 하나님"이라는 선언과 함께 ‘하나님의 선교’라는 용어를 공식적으로 도입되었는데, 이 선언은 선교의 출발점을 하나님 자신에게로 두면서, 교회를 선교의 도구 혹은 수단으로 이해하였다. 그러나 이러한 주장은 진영 간에 신학적 논쟁을 불러일으켰다. 진보적 에큐메니컬 진영에서는 미시오 데이(*Missio Dei*) 개념을 창조신학적 근거 위에서 교회의 울타리를 넘어 문화적, 사회적, 정치적 운동으로 그 범주를 확장하였다. 이 과정에서 공의와 샬롬의 가치를 강조하였는데, 이러한 관점은 결과적으로 복음 선포와 구속사 그리고 교회 중심적 선교의 중요성을 상대적으로 약화하는 경향을 보였다. 이에 대해 복음주의 진영에서는 미시오 데이 개념을 성경적 토대 위에서 삼위일체 하나님의 구속 사역과 직접 연결된 여전히 교회 중심의 선교적 패러다임으로 재해석하였다. 즉, 하나님의 선교는 본질적으로 삼위일체 하나님의 자기 계시와 구속 사역 안에서의 선교로 이해하였다. 다음은 삼위일체 하나님의 선교적 개념에 대한 설명이다.

1) 성부 하나님: 선교의 기원으로서 파송하시는 분이시다.

선교는 성부 하나님의 주권적인 파송에서 시작되었다. 성부는 만물을 창조하신 창조주일 뿐 아니라, 타락한 세상을 구속하시기 위한 구속사의 기획자이며 파송의 주체이다. "하나님이 세상을 이처럼 사랑하사 독생자를 주셨으니(요 3:16)"라는 말씀은 선교의 기원이 인간의 필요가 아니라, 하나님의 사랑과 주권적 의지임을 분명히 하였다.

성부 하나님은 선교를 명령하지 않으시고, 직접 파송하시는 선교의 최초 주체로서, 삼위일체 하나님의 사역을 시작하신 분이다. 이는 곧 선교가 '사람이 무엇을 해야 하는가'에서 출발하는 것이 아니라, '하나님이 무엇을 하셨고 지금도 하고 계시는가'라는 관점에서 이해함을 뜻한다. 또한 성부 하나님은 선교를 단회적 사건이 아닌, 구속사의 전 역사 속에서 지속적으로 이끌어가시는 분으로 묘사된다. 창세기 12장 2절에서 아브라함을 부르시고 "내가 너로 큰 민족을 이루고 네게 복을 주어 네 이름을 창대하게 하리니 너는 복이 될지라"라고 말씀하신 것도 하나님의 보내심이 이스라엘 역사 속에서 이미 시작되었음을 보여준다. 파송의 절정은 성부 하나님께서 성자 예수 그리스도를 세상으로 보내신 것이다. 성부는 언제나 구원을 위해 백성을 택하시고, 보내시고, 통해 일하시는 역사 속 파송의 주체이시다.

2) 성자 예수 그리스도: 선교의 내용과 본질

예수께서는 단순히 성부 하나님의 선교에 참여하신 분이 아니라, 하나님의 선교 그 자체이며 완성자이시다. 예수께서는 성부 하나님의 뜻에 따라 세상에 파송된 존재로서, 그 사역을 통해 하나님 나라의 도래를 실현하고 하나님의 구속 역사를 완성하셨다. 실제로 예수 그리스도의 생애 전체는 하나님이 세상을 회복하시고자 하시는 선교적 사역의 핵심이며 절정으로 평가할 수 있다.

이에 예수께서는 자신을 "보냄을 받은 자"로 소개하며(요 6:38, 11:42 등), 자신의 모든 사역이 성부 하나님의 뜻에 기초하고 있음을 밝혔다. 특히 "아버지께서 나를 보내신 것 같이 나도 너희를 보내노라"(요 20:21)라는 선언은, 그리스도의 파송이 교회의 파송과 본질적으로 연결되어 있음을 나타낸다. 이 말씀은 교회의 선교적 정체성을 강조한 것으로 교회가 세상 속으로 나아가는 파송 공동체임을 밝혔다.

예수 그리스도의 선교는 복음의 메시지를 전달로 그치지 않고, 성육신을 통해 선교의 본질을 드러내셨다. 요한복음 1장 14절은 "말씀이 육신이 되어 우리 가운데 거하시매"라고 명시된 바와 같이, 이는 하나님의 선교가 단순히 초월적 개입에 머물지 않고 인간의 문화와 역사 속으로 친히 개입하시고 동참하셨음을 보여준다. 예수께서는 유대인의 언어, 관습, 종교 체계 안에서 활동하시며, 병든 자를 고치고, 죄인을 용납하고, 사회의 경계를 허무며 하나님 나라의 복음을 드러내셨다. 이러한 성육신적 사역은 오늘날 교회가 선교에 참여할 때 어떠한 태도와 방식으로 세상 속에서 존재해야 하는지를 교훈하는데, 이는 교회가 특정 시공간과 문화적 상황으로 들어가 복음을 구체적으로 구현하는 존재로 살아가야 함을 의미한다.

또한 예수 그리스도의 사역은 하나님 나라 선교의 완성이었다. 그는 "하나님 나라가 가까이 왔으니 회개하고 복음을 믿으라"(막 1:15)라고 선포하시며, 영적 구원뿐 아니라 사회적 회복과 인간 존재 전체에 영향을 미치는 하나님의 통치를 삶으로 나타내셨다. 그의 십자가 죽음은 구속의 핵심 사건이며, 부활은 하나님의 선교가 궁극적으로 죄와 사망을 이기는 승

리임을 선포한 사건이다. 그래서 교회는 예수의 삶, 죽음, 부활의 복음을 단순히 전하는 공동체가 아니라 삶으로 드러내고 해석하는 공동체로서 존재해야 한다.

무엇보다 중요한 것은, 예수께서 자신의 사역을 교회에 위임하셨다는 사실이다. 그는 제자들에게 "나도 너희를 보내노라"라고 선언하시며, 자신의 파송 사역을 그들과 공유하셨다. 이는 교회가 예수의 가르침을 지키는 종교 집단이 아니라, 예수께서 이루신 선교를 이 땅에서 지속적으로 확장하는 존재라는 사실을 의미한다. 교회는 그리스도의 몸으로서 이 땅에서 그의 임재를 나타내고, 그 사역을 살아내는 파송 공동체이다. 따라서 선교는 교회의 선택적 활동이 아니라, 예수 그리스도의 선교에 참여는 교회의 존재 목적이며 정체성이다. 그리스도의 선교는 교회를 선교할 수 있게 하고, 방향을 제시하며, 본질을 규정한다. 그래서 교회가 진정으로 그리스도의 선교에 참여할 때, 비로소 교회는 자신의 존재 이유를 완성하게 된다.

3) 성령 하나님: 선교의 동력과 인도자

성령 하나님은 삼위일체 하나님의 선교적 사역 가운데 결정적인 위치에 있다. 성부께서 선교를 계획하시고 성자께서 그 선교를 구현하셨다면, 성령은 선교를 현재 역사 속에서 지속적으로 적용하고 확장하는 사역을 감당하시는 분이다. 성령은 보혜사로서 교회를 돕는 조력자가 아니라, 삼위 하나님의 선교가 시대와 공간을 넘어 계속되게 하시는 능력과 인도자이시다. 따라서 성령의 역사를 이해하지 않고서는 선교도, 교회도 올바로 이해할 수 없다.

성령 하나님의 선교 사역은 성경 전체를 관통하는 핵심 주제 중 하나이다. 구약에서는 창조 시부터 하나님의 영이 수면 위에 운행하며 생명을 불어넣었고(창 1:2), 선지자들을 감동시켜 하나님의 말씀을 선포하게 하셨다. 하지만 성령의 본격적인 선교적 역할은 오순절 사건을 통해 드러난다. 사도행전 1장 8절에서 예수께서는 제자들에게 "오직 성령이 너희에게 임하시면 너희가 권능을 받고, 예루살렘과 유대와 사마리아와 땅 끝까지 이르러 내 증인이 되리라"라고 말씀하셨다. 이 선언은 선교가 성령의 권능에 의해 시작되며, 전개되며, 완성되어야 함을 분명히 보여준다.

오순절에 성령이 강림하신 사건은 제자들의 능력의 충만을 넘어 하나님 나라 선교가 본격적으로 시작되었음을 알리는 선교적 계시였다. 성령은 다양한 언어로 복음을 전하게 하셨고, 민족과 문화의 장벽을 넘어서는 선교적 공동체를 형성하셨다. 이 사건은 교회의 본질이 선교적임을 성령께서 직접 선언하신 사건이다. 곧 교회는 예수 그리스도의 터 위에서 성령에 의해 세워졌고, 성령을 통하여 세상으로 파송되는 공동체이다.

성령은 또한 복음 선포의 능력이다. 바울은 고린도전서 2장 4절에서 "내 말과 내 전도함이 설득력 있는 지혜의 말로 하지 아니하고 다만 성령의 나타나심과 능력으로 하였다"고 말한다. 이는 복음의 선포가 논리적 설득이나 감정적 호소가 아니라, 성령의 능력을 통한 영적 사역임을 강조하였다. 성령은 사람의 마음을 열어 복음을 받아들이게 하시고, 교회를 진리 가운데로 인도하며, 세상 속에서 복음을 해석하고 적용할 수 있도록 도우신다.

성령은 또한 선교의 방향을 결정하시는 분이기도 하다. 사도행전 13장 2절에서는 안디옥교회가 금식하며 기도할 때 "성령이 이르시되 내가 불러 시키는 일을 위하여 바나바와 바울을 따로 세우라"고 명령하셨고, 이는 이방 선교의 새로운 지평을 여는 결정적 전환점이 되었다. 이처럼 성령은 선교의 주체로서 교회를 이끄시고, 파송하시며, 전략과 대상, 시기와 장소까지 주도적으로 인도하신다.

성령은 또한 교회의 공동체성과 성숙을 통해 선교적 역량을 강화하신다. 교회는 성령의 열매를 통해 하나님 나라의 가치를 드러내며(갈 5:22-23), 성령의 은사를 따라 각자의 역할을 감당하며 복음을 확장해 간다(고전 12장). 그러므로 선교는 성령의 은사와 열매, 공동체성과 파송이라는 여러 요소가 함께 작동하는 전인격적, 공동체적 사역이다.

무엇보다 성령은 예수 그리스도의 임재를 계속하여 나타내시는 분이시며(요 14:16-18), 그리스도의 선교가 시대를 넘어 교회를 통해 계속되게 하셨다. 성령 안에서 교회는 그리스도의 파송을 이어받아, 세상 속에서 하나님 나라의 징표와 예증으로 존재하게 된다. 따라서 선교는 성령의 임재와 능력 없이 결코 수행할 수 없다. 교회는 성령 안에서 살아가고, 성령에 의해 보내지며, 성령의 능력으로 세상 속에 복음을 전하고 하나님 나라를 드러내야 한다.

따라서 성령 하나님은 삼위일체 하나님의 선교 사역 가운데 지속성과 확장성, 능력과 적용의 역할을 맡으신 분이시다. 교회가 선교적 정체성을 갖고 그 사명을 감당하기 위해서는 성령의 인도와 충만을 의지하며, 그 안에서만 참된 선교 공동체로 존재할 수 있다. 그러므로 선교적 교회란 성령에 의해 태어나고, 이끌리며, 지속되는 공동체이며, 이는 곧 선교가 삼위일체 하나님의 사역이라는 교회론적 정체성을 보여준다.

03 삼위일체 하나님의 선교에서 교회의 모습

교회는 복음을 전파하는 실행 주체가 아니라, 삼위일체 하나님의 선교적 사역에 참여하는 존재론적 공동체이다. 교회는 자신이 원해서 선교하는 것이 아니라, 하나님께서 먼저 교회를 부르시고, 보내시며, 그 안에서 함께 사역하시기 때문에 선교하는 것이다. 즉, 선교는 교회의 활동 이전에 하나님의 본성이며, 교회는 그 하나님의 선교에 참여하도록 존재하는 선교적 공동체다.

선교의 기획자, 구현자, 완성자이신 성부 하나님이 구속사를 계획하여 아들을 세상으로 보내셨고, 성자는 하나님의 뜻에 순종하여 성육신하셔서 하나님 나라를 선포하고 십자가를 통해 구속 사역을 성취하셨으며, 성령은 교회 안에 임재하셔서 선교의 지속성을 이루셨다. 이러한 삼위일체 하나님의 선교는 삼위 하나님의 상호 내재적 관계 속에서 교회를 부르셨다. 이런 관점에서 교회는 본질상 '보냄을 받은 공동체'이다. 즉, 교회 존재 자체가 삼위일체 하나님의 선교 안에서 연합되어 파송 받은 공동체이다. 그러므로 선교는 교회의 사역 중 하나가 아니라, 교회의 정체성과 존재 목적을 규정하는 본질이다. 교회 사역 중에 일부는 상황에 따라 포기할 수 있지만, 교회의 본질이라면, 선택이 아니라, 존재적 정체성이 되어야 한다.

이처럼 교회는 하나님의 선교에 참여하여 세상 가운데 존재하며, 그 역할을 세 가지로 요약할 수 있다. 첫째, 교회는 하나님 나라의 징표(sign)이다. 교회의 존재는 세상 속에서 하나님 나라의 실제를 가시화하는 하나의 표지로 나타난다. 둘째, 교회는 하나님 나라의 예증(foretaste)이다. 교회는 예배, 공동체, 사랑, 정의, 화해의 실천을 통해 장차 올 하나님 나라의 모습이 어떠한지를 미리 보여주는 삶을 살아야 한다. 셋째, 교회는 하나님 나라의 도구(instrument)이다[5]. 교회는 성령의 능력을 힘입어 말씀을 선포하고, 제자 삼으며, 세상을 향해 복음을 전하는 역할을 한다.

이러한 교회의 선교적 존재는 삼위 하나님의 내재적 관계, 곧 서로 안에 거하고 서로를 위해 일하시는 하나님의 본성과도 밀접하다. 교회는 이 삼위 하나님의 관계에 초대되어, 하나님과의 교제 안에서 그분의 사역에 동참하는 존재이다. 따라서 교회의 선교는 외적 활동만이 아니라, 하나님과의 내적 연합에서 나오는 자연스러운 사역이다.

이처럼 교회의 사명은 삼위 하나님의 선교에 참여함으로써 세상 속에서 그분의 뜻을 구현하고, 복음을 드러내며, 하나님 나라의 현재성과 장차 올 영광을 동시에 증언하는 것이다. 이로써 교회는 단순히 전도를 위한 조직이 아니라, 하나님 나라의 대사이자 선교적 존재로서의 정체성을 실현하는 공동체로 살아야 한다. 이는 교회의 존재론적 본질이 선교이기 때문이다.

---

5) 크레이그 밴 겔더·드와이트 J. 샤일리, 『선교적 교회론의 동향과 발전』, 최동규 역 (서울: 기독교문서선교회, 2015), 202-205.

따라서, 삼위일체 하나님의 선교에서 교회는 하나님의 선교에 부름 받고, 그 사역에 참여하도록 보냄 받은 존재이다. 이 부르심은 교회가 예수 그리스도를 닮은 공동체로 세워지며, 성령의 능력 가운데 세상 속에 거룩한 임재로 존재하게 한다. 선교적 교회란, 바로 이 삼위 하나님의 선교에 응답하며 그 흐름 안에서 살아가는 공동체를 뜻한다.

● 소그룹 나눔 ●

① 삼위일체 하나님이 선교의 주체이시고, 교회는 하나님의 선교에 참여하는 기관이라는 말을 어떻게 이해하는가?

② 17,18세기 위기에 처한 유럽 교회 상황과 오늘날 한국교회 상황에는 어떤 공통점이 있는가?

③ 탈 교회가 현실화된 시대에서 교회는 어떻게 교회의 본질을 회복할 수 있는가?

2장

선교적 교회의 정체성

1장에서 언급했듯이 선교적 교회는 선교를 열심히 하는 교회라기보다, 교회 자체가 삼위일체 하나님의 선교 안에 존재하며, 그 정체성이 본질적으로 선교라는 성경적, 신학적 배경을 지니고 있다. 이는 모든 교회는 하나님의 선교에 응답하여 세상 속에 보내진 존재임을 선언하는 것이다. 그런 점에서 선교적 교회의 정체성을 크게 세 가지로 요약할 수 있는데, 첫째, 보냄 받은 교회, 둘째, 모든 성도가 선교사인 교회, 셋째, 성육신적 교회이다. 이 세 개념은 서로 독립된 개념이 아니라, 교회의 선교적 정체성을 입체적으로 구성하여 상호 연결되어 있다.

선교적 정체성을 지닌 교회는 프로그램, 전략, 성장을 위한 수단으로써 선교를 수행하는 것이 아니라, 삼위일체 하나님의 선교 안에서 본질적으로 보냄 받은 공동체로 존재한다.

1) 삼위일체 하나님의 보냄: 교회의 선교적 기원

성부의 보내심과 성자의 성육신적 순종, 성령의 능력과 동행이라는 삼위일체의 선교 구조 속에서 교회의 선교는 독립적이거나 자율적인 행위가 아니라, 하나님께서 친히 이루시는 구원의 역사에 참여하는 응답적 사명이다. 교회는 그 자체로 하나님 나라의 증인이며, 이 땅에 하나님의 임재를 드러내는 살아 있는 선교의 표현이어야 한다.

그러기에 교회는 '무엇을 하기 위해' 존재하는 것이 아니라, '누구로부터 왔는가'라는 정체성부터 명확해야 한다. 교회의 선교는 본질상 삼위 하나님과의 관계 안에서 보냄 받고 살아가는 정체성의 표현이며, 이 정체성은 특정한 사역이나 프로그램을 통해서가 아니라, 교회 전체의 존재 방식과 삶을 통해 드러나야 한다. 그러므로 선교는 삼위일체 하나님의 역사에 참여하는 교회의 존재적 본질이다.

2) 요한복음 20:21의 선언: 교회의 사명 선언문

요한복음 20장 21절은 선교적 교회를 이해하는 데 중심적인 성경 구절 중 하나이다. 부활하신 예수께서 제자들에게 나타나셔서, "아버지께서 나를 보내신 것 같이 나도 너희를 보내노라"라는 선언은 교회의 존재 이유와 사명을 규정하는 선언문이자, 파송의 위임 명령이다.

이 말씀에서 핵심은 '같이'(ὡς, hōs)라는 헬라어 접속사이다. 예수께서 성부 하나님의 뜻에 따라 세상 속으로 파송되셨던 그 방식과 본질이, 교회에 그대로 이어진다는 것을 의미한다. 예수의 파송은 성육신적이고, 관계적이며, 섬김과 희생으로 가득 찬 선교였다. 마찬가지로, 교회 역시 그리스도의 본을 따라 세상 속으로 보내진 존재로 살아야 한다. 이는 단순히 전도나 선교활동을 '하는' 것이 아니라, 선교적 존재로 '사는 것'이 교회의 본질이다.

이 선언은 교회가 '보냄 받은 사역자들'을 선교지에 보내는 기관이라는 전통적 이해를 넘어 교회가 이미 세상 속에 보냄 받은 선교적 존재라는 본질적 정체성을 선포한 것이다. 그런 점에서 선교적 교회에서 선교는 교회의 존재 방식(being)을 나타내는 본질적 표현이다.

또한 요한복음 20장 21절은 교회의 사명이 삼위일체 하나님의 선교 안에서 연속되고 위임을 보여준다. 성부 하나님은 세상을 사랑하여 성자를 보내셨고(요 3:16), 성자는 성부의 뜻에 순종하여 세상 가운데 임하셨으며, 부활하신 예수께서는 그 사명을 제자 공동체, 곧 교회에게 전적으로 위임하여 그들을 세상 속으로 보내셨다. 이 파송은 성령의 능력에 근거한 것이며, 성령은 이후 요한복음 20:22에서 바로 이어 등장한다. 이 연속성은 교회의 선교가 삼위일체 하나님의 선교적 흐름 속에 참여하는 것임을 보여준다.

이 말씀은 또한 교회의 방향성을 제시한다. 교회는 '오라(Come)'는 공동체가 아니라, '가라(Go)'는 공동체이며, '보냄을 받은 존재'로서 세상 속에서 살아감을 의미한다. 교회는 복음을 말로 선포하는 조직이 아니라, 예수 그리스도의 선교를 계승하며 삶으로 복음을 드러내는 선교적 공동체가 되어야 한다. 이 말씀은 교회가 세상과 분리된 성역(聖域)이 아니라, 세상 한가운데로 침투하여 하나님 나라의 통치를 증언하는 삶의 공간임을 의미한다.

따라서 요한복음 20장 21절은 교회의 본질, 사명, 방향, 존재 방식을 모두 함축하고 있는 선언이다. 이 말씀에 근거하여, 교회는 자신을 '선교하는 기관'이 아닌, '선교적 존재로 살아가는 공동체'로 이해하며, 그 정체성에 따라 구조, 예배, 교육, 사역, 리더십의 모든 영역을 재정비해야 한다.

3) 존재론적 전환: '선교하는 교회'에서 '선교적 교회'로

이제 교회는 '선교하는 교회'에서 '선교적 교회'로의 존재론적 전환이 필요하다. 이 전환은 용어의 변화가 아니라, 교회의 존재 자체를 어떻게 이해하는가에 대한 근본적인 질문이다. 앞에서도 언급했지만, 지금까지 교회를 '선교하는 교회'로 인식해 선교를 교회의 다양한 사역 중 하나로 여겨 선교 부서나 선교단체, 혹은 목회자에 의해 수행되는 전문적인 사역으로 여겨 온 게 사실이다. 이때 교회는 선교하는 기관이며, 선교는 보통 교회 안에서 일어나는 다양한 활동 가운데 하나이었다. 즉, 선교는 교회가 '하는 일 중 하나'이었고, 교회가 선교하지 않아도 여전히 교회로 존재한다고 생각했다. 그러나 선교적 교회론은 선교 자체가 교회이고, 선교를 위해 교회가 존재한다고 주장한다. 이

차이는 개념의 문제가 아니라, "교회가 왜 존재하는가?", "교회의 사명은 무엇인가?", "교회의 구조와 리더십, 예배와 교육이 어떤 방향을 가져야 하는가?"를 근본적 질문을 하게 된다.

이러한 전환은 곧 존재론적 전환이다. 교회는 삼위일체 하나님의 선교에 참여하기 위해 파송된 공동체로서 교회의 모든 활동은 선교적 정체성으로부터 나와야 하며, 선교는 하나의 사역 부서가 아닌, 교회의 본질적 존재 방식(being)이어야 한다. 이는 교회를 '건물 중심'이나 '내부 모임 중심'에서 '세상 속으로 보냄 받은 선교적 존재'로 재해석하는 결정적인 전환이다.

4) '보냄 받은 교회'를 위한 구조 전환

선교적 교회는 교회가 세상으로 '보냄 받은 자'로의 구조와 실천도 이에 맞게 변해야 한다. 지금까지 교회는 전통적으로 '모이는 교회'로, 사람들을 교회 안으로 초청하고, 예배나 프로그램 중심으로 조직이 운영되며, 세상보다는 내부 성장과 유지에 치중하였다. 하지만 '보냄 받은 교회'로 살아가려면, 이 같은 내향적이고 고정된 구조에서 벗어나, 세상 속으로 파송되는 공동체로 전환하여, '모이고 파송 받은 교회'가 되어야 한다. 이는 교회 존재 방식을 다시 설계하는 것이다.

먼저, 교회를 건물 중심에서 벗어나 일상의 삶 중심으로 전환해야 한다. 교회 건물은 예배와 훈련의 거점이지만, 선교적 교회는 주일 예배가 끝나는 순간부터 사역이 시작된다. 성도들은 자신의 일상인 가정과 일터, 학교, 지역사회가 하나님 나라의 전진 기지이다. 교회는 이를 위해 성도들에게 선교적 삶의 방향, 실천적 훈련, 영적 동기부여, 상호책임성을 제공해야 한다.

둘째, 교회의 리더십 구조와 조직 문화가 사명 중심으로 바뀌어야 한다. 기존의 교회 성장은 대부분 '모임의 크기'와 '건물의 확장'으로 평가되었지만, 선교적 교회는 '세상 속 영향력'과 '삶의 변화'로 사명을 측정한다. 리더들은 행정가이거나 사역 관리자 이전에, 문화 속에서 하나님 나라를 실현해가는 선교적 동반자이자 안내자이다. 리더십 훈련은 이러한 정체성을 반영하며, 교회 조직은 선교 현장과의 유기적 연결 라인으로 재구성해야 한다.

셋째, 예배와 공동체 중심의 재조명이 필요하다. 주일 예배는 반복되는 종교적 예식이 아니라, 선교적 삶을 위한 파송의 장(場)이어야 하며, 매주 성도들은 하나님의 임재 앞에서 예배하며 다시 세상으로 보냄 받는 선교적 리듬을 회복해야 한다. 또한 소그룹, 친교, 봉사 등의 공동체 활동도 내적의 역동성과 연계하여 세상으로 나아가는 선교적 플랫폼이 되어야 한다.

넷째, '보냄 받은 자의 삶'을 중심으로 교회 문화가 형성되어야 한다. 교회 안에서 신앙의 기준이 '출석, 헌금, 참여율'이 아니라, 삶의 자리에서 하나님의 복음을 어떻게 구현하고 있는가로 바뀌며, 성도 개개인의 일상에서의 선교가 관심받고 격려받는 분위기이어야 한다.

일반적으로 전통교회는 성직자 중심의 구조와 사역 체계로 평신도는 교회의 보조자 또는 소비자의 위치에 머무는 경우가 많았고, 신앙생활도 주일 예배나 소모임 참석 등 교회 안에서의 활동에 제한적이었다. 그러나 평신도 한 사람 한 사람이 하나님의 부르심을 받은 선교사로 세상으로 파송되어야 한다. 이러한 인식의 변화는 사도적 정체성의 회복에 따른 것으로 최동규는 평신도들은 수동적이고 교회 중심적인 신앙 패턴에 머물러 있으며, 그 근저에는 성직주의와 성속 이원론이 깊이 뿌리내리고 있다고 지적하였다[6]. 이를 극복하는 대안은 모든 성도가 '보냄 받은 자'로서의 사도직을 부여받았음을 깨닫는 것이다. 즉, 사도직은 초대교회의 열두 제자에게만 해당하는 특권적 직분이 아니라, 모든 그리스도인이 삶의 현장에서 복음을 증언하고 하나님의 통치를 구현하는 존재 방식이어야 할 개념이다. 평신도는 협력자가 아니라, 자신이 속한 일상적 삶의 공간, 즉 가정, 일터, 지역사회에서 하나님 나라를 드러내는 소명자로 살아야 한다. 이를 위해 교회는 평신도에게 사명을 부여하고, 은사를 발견하게 하며, 실제 삶의 현장으로 파송하는 훈련과 구조적 지원을 아끼지 않아야 한다. 교회는 이제 모이는 교회에 머물러서는 안 되며, 흩어지는 교회, 곧 성도들의 일상인 세상 속으로 보내지는 교회로 거듭나야 한다.

이러한 변화는 프로그램이나 시스템의 변화로 해결되지 않는다. 교회

---

6) 최동규, "선교적 교회의 평신도들을 위한 사도직 이해," 「선교신학」 제41집, (2016): 453-490.

생태계 전체를 평신도의 사도직 회복으로 재구성해야 한다. 목회자는 성도의 사역을 대신 수행하는 존재가 아니라, 성도 한 사람 한 사람이 사역자로 준비시키고 훈련하는 동역자요 파송자가 되어야 한다. 성도는 자신을 단지 교회의 청중이 아니라, 세상 속의 복음의 증인, 하나님의 대사가 될 때, 교회는 비로소 본질에 응답하게 된다.

따라서 "모든 성도는 선교사"라는 선언은, 교회를 다시 '하나님의 선교적 공동체'로, 성도를 다시 '보냄 받은 하나님의 선교적 백성'으로 회복시키는 본질적이며 존재론적 전환이다. 이는 교회론의 재정의일 뿐 아니라, 신앙생활의 본질을 삶 속에서 실현하려는 거룩한 움직임이며, 하나님 나라 백성으로서의 일상적 삶을 통해 세상 속에 하나님의 임재를 드러내는 선교적 삶의 시작점이다.

03 성육신적 공동체: 복음으로 사는 공동체

선교적 교회는 복음을 전파하는 공동체로만 머물지 않고, 복음을 육화(肉化)하여 살아내는 공동체, 곧 성육신적 공동체(Incarnational Community)이어야 한다. 이는 예수 그리스도께서 육신이 되어 친히 이 땅에 거하신 것처럼, 교회 또한 세상 속에 거하며 복음의 실재를 삶으로 구현하는 사명을 지닌 공동체임을 의미한다.

성육신적 공동체는 선교의 전략이 아니라, 교회의 본질적 존재 방식이다. 하나님은 인간을 구원하시기 위해 상층에서 명령만 하신 것이 아니라, 친히 사람이 되시고 인간의 고통과 문화, 일상에 깊이 들어오셨듯이 교회도 복음을 추상적으로 선포하고, 가르치는 데 그치지 않고, 이웃과 지역사회의 언어, 아픔, 기쁨 안으로 들어가며, 그들과 함께하며 복음을 보여주는 존재이어야 한다.

이러한 성육신적 삶은 관계적, 현장적, 실천적 선교를 가능케 한다. 마이클 프로스트와 앨런 허쉬는 『새로운 교회가 온다』에서, 교회는 복음을 교회 안에서 설교로 전달하는 것이 아니라, 삶과 행위, 관계와 공동체 안에서 드러내야 한다고 하였다[7]. 그리스도인은 '말하는 복음'이 아니라 '보이는 복음', '사는 복음'이어야 하며, 이를 통해 세상은 하나님 나라의 대안적 삶을 보게 된다. 사도 바울은 고린도후서 3:2에서 "너희는 우리의 편지라 우리 마음에 썼고 뭇 사람이 알고 읽는 바라"라고 하였다. 이는 곧 그리스도인의 삶 자체가 복음의 통로이자 메시지라는 뜻이다. 교회는 설교보다 더 큰 영향력을 존재 방식에서 드러내야 하며, 그 존재는 거룩함, 정의, 사랑, 섬김, 환대, 일치 등으로 세상 가운데 드러나는 하나님 나라의 실체가 되어야 한다. 성육신적 공동체는 다음과 같은 특징이 있다.

- **지역사회에 뿌리내림** 교회는 지역과 문화, 삶의 상황을 무시하지 않고, 그 안에서 이해하고 받아들이는 상황화된 선교적 존재의 역할을 한다.
- **관계적 접근** 복음 전도는 일방적 전달이 아니라, 인격적이고 관계 중심적인 삶의 나눔을 통해 일어난다.

---

7) 마이클 프로스트·앨런 허쉬, 『새로운 교회가 온다』, 지성근 역 (서울: IVP, 2023), 74-79.

- **삶의 일치** 말과 행동, 예배와 일상, 교회 안과 밖이 분리되지 않는 복음과 삶의 일치성을 가진다.

- **고난과 공감의 동행** 교회는 이웃의 아픔과 사회적 관심 안으로 들어가 함께 울고 치유하며 복음을 나누는 존재가 되어야 한다.

이러한 교회는 세상과 분리된 성역이 아니라, 세상 한복판에서 그리스도의 삶을 사는 현존하는 공동체이다. 그래서 성육신적 공동체는 복음을 삶으로 풀어내는 해석 공동체이자 대안 공동체이며, 나아가 하나님 나라의 삶을 미리 보여주는 표지(sign) 공동체이다.

오늘날 한국교회는 말의 홍수 속에서 삶으로 증거하는 복음의 절박한 필요성 앞에 서 있다. 교회는 건물이나 제도, 프로그램 중심의 신앙을 넘어 이웃 안에 거하여 함께 살아가며 복음을 드러내는 성육신적 삶의 공동체가 되어야 한다. 이것이야말로 교회가 세상에서 회복해야 할 본질이며, 복음이 설득력을 잃어가는 시대 속에서 여전히 하나님의 나라가 임하고 있다는 것을 보여주는 증거가 될 것이다.

● 소그룹 나눔 ●

① 교회는 부르심 받은 '모이는' 공동체이면서, 보내심을 받은 '흩어지는'공동체이다. 여러분의 교회는 이러한 역할을 얼마나 하고 있는가?

② 여러분 교회는 예배, 리더십, 사역, 소그룹, 교육 등에서 '흩어짐'을 위한 어떤 실천적 구조를 갖추고 있는가?

③ '선교하는 교회'와 '선교적 교회'의 차이를 이해하고 있는가? 여러분 교회는 어느 쪽에 가까우며, 그 이유는 무엇인가?

3장

선교적 소그룹

교회의 존재 목적에 근본적인 질문을 제기한 선교적 교회의 개념은 교회가 하나님의 선교에 참여하는 공동체임을 새롭게 조명하였다. 이러한 선교적 교회의 실천 방식으로 선교적 소그룹은 성경적이며, 실질적인 사역 모델로 평가받고 있다.

소그룹(small group)은 일반적으로 5명에서 12명 내외(코로나 팬데믹 이후 3-4명도 소그룹에 포함)[8]의 소수 인원이 정기적으로 모여 삶을 나누고, 성경을 배우며, 기도와 돌봄, 선교를 실천하는 그리스도인의 몸 된 공동체이다. 이는 인원이 소규모라는 외형적 개념을 넘어, 신앙의 본질을 실천하는 공간이며, 신앙생활을 표현하는 교회의 핵심적인 요소이다. 주로 지역 공동체 또는 교회 내에서 조직되며, 가정이나 온라인, 혹은 교회 공간, 제3의 장소에서

---

8) 코로나19 팬데믹 동안 시행되었던 4인 이하 모임 제한 조치는 팬데믹 종식 이후에도 사회 여러 영역에 직간접적인 영향을 주었다.

모이는 것이 특징이다.

그러나 선교적 소그룹은 더 나아가 교회 내 친교와 양육, 예배, 돌봄에 머무르지 않고, 성도들이 자기 삶의 현장에서 하나님의 통치를 드러내는 선교적 플랫폼 역할을 한다. 이는 교회 중심의 내적 역동에 한정하지 않고, 세상으로 파송된 교회 밖에 작은 공동체로서, 성도들의 일상에서 복음으로 살아내는 삶의 방식과 연관이 있다. 특히 한국교회와 같이 교회사역 중심의 환경에서는 소그룹이 선교적 교회의 비전을 실질적이고 효과적으로 수행할 수 있는 기관이다.

3장에서는 이러한 선교적 소그룹의 성경적 의미와 정의, 정체성을 살펴보며, 교회 현장에서 어떻게 구현되고 지속할지를 다룰 것이다. 이는 선교적 소그룹이 단순한 전략이 아니라, 교회의 본질적 사명을 수행하는 선교적 존재로서 어떻게 적용할 수 있을지를 모색할 것이다.

01 소그룹의 의미

1) 소그룹의 성경적 의미

성경에 나타난 소그룹은 일반적인 모임이나 사회적 체계를 넘어 하나님과 인간의 본성을 드러내는 중요한 개념이 있다. 여기에는 하나님의 본질적인 모습과 인간 문화가 밀접하게 연결되어 있으며, 공동체이신 삼위일체 하나님의 형상이 인간에게 투영되어 또 다른 형태의 창조적인 공동체성을 나타낸다.

창세기 1장 26~27절에 "하나님이 이르시되 우리의 형상을 따라 우리의 모양대로 우리가 사람을 만들고…"는, 인간의 공동체적 본성이 삼위일체 하나님의 공동체적인 속성에서 비롯된 것으로 삼위일체 하나님의 친밀한 관계를 엿볼 수 있다. 성부께서는 성자를 사랑하시고, 성자께서는 성령과 더불어 성부와 교제하며, 성령께서는 성부와 성자의 사랑과 교제로 온전히 이루신다. 이 관계는 본질적으로 '하나'이신 하나님께서 서로에게 무한한 사랑과 존중, 섬김으로 연합되었음을 보여준다(요한복음 17:21~23). 이러한 관계는 본질적인 '하나 됨'의 연합을 나타내며, 이는 성경이 말하는 가장 이상적인 소그룹 공동체의 원형의 모습이다.

소그룹의 역사는 아브라함과 이삭, 야곱 그리고 그 자손에 이르는 과정에서도 엿볼 수 있는데, 창세기 12장 1~9절에서 아브람이 하란을 떠날 당시 그의 가족 규모는 크지 않았으나 하나님은 그에게 큰 민족을 이룰 것이라고 약속하셨다(2절). 실제로 아브람의 자손은 야곱의 열두 아들을 통해 큰 민족을 이루었고, 그 과정에서 소그룹은 중그룹, 대그룹으로 확장되는 순환 구조를 가질 수 있었다. 이처럼 구약의 소그룹은 가정으로부터 출발하여 민족을 형성하는 과정에 중요한 역할을 하였다. 이러한 소그룹은 훗날 모세의 장인 이드로의 제안으로 체계적으로 발전하는데, 백성을 재판하고 돌보는 일로 지친 모세에게 이드로는 소그룹 리더십 구조를 천부장, 백부장, 오십부장, 십부장으로 나누어, 소규모 단위로 지도 하도록 하였다(출애굽기 18장). 이는 고대 이스라엘 공동체 내에서 효율성과 돌봄, 책임 분담이 이루어지는 구조로 오늘날 소그룹 리더십의 원형이라 할 수 있다.

신약에서는 예수 그리스도와 제자를 통해 새로운 소그룹과 역할 그리고 공동체성을 엿볼 수 있다. 예수께서 공생애 동안 열두 제자를 부르시고, 그들과 함께 생활하고, 가르치고, 사역을 위임하셨는데, 이는 소그룹의 형태로, '함께 있음'을 통한 삶의 변화, 관계 중심의 훈련, 공동 사역으로 이루어졌다. 예수의 제자 공동체는 제자도와 공동체 훈련의 모델이 되었고, 훗날 열두 명의 제자 공동체는 예수의 가르침과 사역을 배우고 실천하는 핵심적인 사도 그룹으로 예수의 승천 이후에도 십자가와 부활을 전파하였다. 또한 120명의 제자는 예수께서 승천하신 후 예루살렘에 모인 초대교회의 일원들로 오순절 성령강림을 경험한 초대교회의 기초를 이루었다. 예수께서는 군중들에게 복음을 전하셨지만, 해석은 이들에게 별도로 가르치셨다. 대그룹으로 구성된 군중들은 복음을 듣고 은혜는 받으나 지속적이지 않고, 삶의 깊숙이 스며드는 데는 어려움이 있다는 것을 아셨기 때문이다. 그래서 예수께서는 소그룹 중심으로 공동체 삶과 제자 훈련 그리고 상호 돌봄과 전도를 실천하였다(막 3:14).

이후 사도행전에는 오순절 성령강림 사건 이후 예루살렘 교회에 수천 명의 개종자로 폭발적인 성장이 일어났다(2:41). 당시에 예루살렘 교회는 많은 개종자를 수용할 공간이 없었기에 주로 가정 중심의 소그룹 교회에서 사도의 가르침과 예배와 기도, 성찬과 성도의 교제를 통해 공동체를 이루었다. 초기에 예루살렘 교회(2:42-47)와 마가의 다락방 교회(1:13-14)는 유대인 중심의 교회로 예루살렘지역에 있었으나 교회의 박해 이후 안디옥 교회(11:19-26)를 필두로 유대 지역을 벗어나 헬라인과 같은 이방인 중심의 교회가 세워졌다. 당시 안디옥은 범세계적인 도시이었기에 인종과 문화, 신분을 초월하여 다양한 사람들이 참여하는 대도시이었다. 빌립보에서는 루디아가 바울의 말씀을 들은 후, 세례를 받고 자기 집을 소그룹 모임 장소로 제공하였고(16:14-15), 빌립보 감옥의 간수도 가족과 함께 복음을 듣고 가정교회를 세웠다(16:32-34). 고린도의 아굴라와 브리스길라 부부는 바울과 함께 생활하며 가정을 교회 공동체의 거점으로 삼았다(18:26). 그리고 고넬료의 집(10:24-27), 유두고의 집(20:9-10), 드로아의 집(20:7-12), 빌립의 가이사랴 집(21:8-9) 등이 대표적인 이방인들 중심의 교회이었다.

기타 서신서에서 언급된 소그룹으로는 브리스길라와 아굴라의 집에서 모인 교회(롬 16:3-5)와 빌레몬의 가정교회(몬 1:2)가 있다. 브리스길라와 아굴라는 바울의 동역자로서, 바울은 이들의 집에서 복음을 전파하였다(고전 16:19). 브리스길라와 아굴라는 클라우디우스(Claudius) 황제의 칙령에 따라 로마에서 쫓겨난 유대인 부부였다(행 18:1-4). 이들은 바울을 만났을 때 이미 그리스도인이었고, 후에 에베소(고전 16:19)와 로마(롬 16:3)에 있는 가정교회들의 책임을 맡았다. 아리스도불로의 집에서 모인 교회(롬 16:10)와 가이오의 집 교회(롬 16:23)는 고린도 지역에서, 눔바의 집은 골로새 지역의 성도들이 모여 예배하고 교제한 장소이었고(골 4:15), 빌레몬의 집은 성도들이 신앙을 나누는 공간으로, 바울이 빌레몬에게 오네시모를 받아들일 것을 권유하며 편지를 보낸 사례도 있다. 스데바나의 집 교회(고전 16:15)와 오네시보로의 집 교회(딤후 1:16) 등 서신서에 나타난 소그룹은 믿음의 주체들 중심으로 예배와 성찬, 성도 간의 교제 및 영적 성장을 위해 함께 세워진 초대교회였다.

이처럼 이들 소그룹은 소규모로 구성된 교회 공동체로 친밀한 관계를 형성했으며, 말씀과 기도를 통해 신앙생활을 하였다(엡 6:18, 골 4:2). 초대교회 성도들은 각자의 삶을 나누고 물질적, 정서적 필요를 채우며 사랑과 그리스도의 한 몸 됨을 실천하였다. 이러한 소그룹(가정교회)은 단순히 예배의 공간을 넘어, 복음 전파와 제자 양육, 그리고 그리스도의 몸으로서의 삶을 나누는 중요한 역할을 하였다(딤전 3:15, 딤후 3:16-17).

2) 성경적 소그룹의 특징

일반적인 소그룹과 달리 성경에 나타난 소그룹에는 다음과 같은 특징이 있다. 첫째, 성경적 소그룹은 공동체이다. 본질적으로 성경적 소그룹은 '코이노니아(*Koinonia*)' 즉, 서로의 삶을 나누고 책임지는 공동체다. 이것은 성도들 간에 친교, 사랑과 나눔, 돌봄과 순종, 치유와 회복, 예배와 헌신이 실천되는 관계 중심의 삶을 의미한다. 초대교회는 공동체성을 가장 잘 구현한 모델로, 사도행전 2장에 그 원형이 드러나는데, "그들이 사도의 가르침을 받아 서로 교제하며 떡을 떼며 기도하기를 전혀 힘쓰니라… 믿는 사람이 다 함께 있어 모든 물건을 서로 통용하고… 날마다 마음을 같이하여 성전에 모이기를 힘쓰고 집에서 떡을 떼며…"(행 2:42-46)에는 초대교회 성도들이 예배만이 아니라, 전인적 삶을 나누는 실천 공동체였음을 증언하고 있다. 그들은 물질을 나누고, 식탁을 함께하며, 고통과 기쁨을 나누는 일상의 공동체로 살았다. 특히, 바울은 "만일 한 지체가 고통을 받으면 모든 지체가 함께 고통을 받고, 한 지체가 영광을 얻으면 모든 지체가 함께 즐거워하느니라"(고전 12:27)라고 하여 교회를 '그리스도의 몸'(고전 12:27)으로, 각 지체가 서로 연결된 유기체적 공동체로 보았다. 또한 "서로 돌아보아 사랑과 선행을 격려하며… 모이기를 폐하는 어떤 사람들의 습관과 같이 하지 말고, 오직 권하여 그날이 가까운 것을 보고 더욱 그리하자."(히 10:24-25)라고 하여 공동체의 상호적 책임과 연속성을 강조하였다. 다시 말해, 소그룹은 단순히 규모와 모임을 말하는 소규모의 구조가 아니라, 그 자체가 코이노니아를 이루는 공동체라는 뜻이다.

둘째, 성경적 소그룹은 가정 중심이다. 성경적 소그룹은 주로 가정 중심의 신앙 공동체로, 일상의 공간인 가정에서 신앙과 관계가 형성되는 전인적 공동체이었다. 행 2:46절에 나타난 초대교회의 신앙은 초대교회의 신앙은 성전과 가정에서 병행하되, 실제적인 공동체 생활과 예배, 나눔은 가정에서 이루어졌음을 보여준다. 그런 점에서 당시에 가정은 단순히 모임 공간만이 아니라, 말씀, 기도, 식탁 교제, 선교가 어우러지는 전인적 공동체이었음을 알 수 있다. 사도 바울은 자신의 서신서에서 자주 "그 집에 있는 교회"라는 표현한 것은(롬 16:5; 고전 16:19) 가정이 신앙의 전수가 이루어지는 핵심 공간으로 보았기 때문이다.

셋째, 성경적 소그룹은 제자도가 이루어지는 공간이다. 성경적 소그룹은 학습이나 친교를 넘어서, 삶의 변화와 예수 그리스도를 따르는 제자를 세우는 목적이 있다. 예수께서는 열두 제자와 생활하시며 제자도를 몸소 실천하셨다. 특히, 마가복음 3장 13절에서 15절에는 '함께 있음', '전도', '권세 부여'라는 전형적인 제자훈련의 3가지 요소를 내재하고 있는데, 이것은 제자도가 전인적 삶의 실천임을 의미한다. 그래서 소그룹에서 예수 그리스도를 따르는 삶의 방식, 즉 '따름'(follower-ship)과 '순종'을 구체적으로 훈련하고 실천하여 전인적 제자가 되어야 한다.

넷째, 성경적 소그룹은 선교적 정체성을 가지고 있다. 소그룹은 내적 돌봄이나 영적 성장에만 머물지 않고, 세상으로 보냄 받은 선교적 존재의 정체성을 가지고 있다. 이는 소그룹의 원형이 삼위일체 하나님의 선교에 동참하는 공동체이며, 성도들의 일상의 삶에서 하나님 나라를 드러내는 사명 공동체이기 때문이다. 예수의 파송 명령(요 20:21)은 훈련받은 전문 선교사에게 주어진 것이 아니라, 모든 제자 공동체가 세상에서 하나님의 대사로 살아가야 함을 뜻한다. 그러기에 소그룹은 이 파송의 삶을 훈련하고, 실천하며, 지속성이 유지하게 하는 현장이다. 또한 "너희는 세상의 소금이니… 너희는 세상의 빛이라… 이같이 너희 빛이 사람 앞에 비치게 하여 그들로 너희 착한 행실을 보고 하늘에 계신 너희 아버지께 영광을 돌리게 하라"(마 5:13-16)라고 말씀은 소그룹이 지역사회 속에서 빛과 소금의 역할을 감당하는 일상의 선교 공동체임을 보여준다.

02 일반 소그룹과 선교적 소그룹

한국교회 소그룹을 이야기하기 전에 먼저 소그룹을 진단하고 평가할 필요가 있다. 소그룹은 공동체성을 띠며, 성경적 원리를 말하지만, 현실은 그렇지 못한 아쉬움이 있다. 그래서 한국교회 소그룹을 살피며 선교적 소그룹의 중요성을 알아보고자 한다. 먼저 선교적 소그룹의 정체성을 알아보기 위해 본 글에서는 기존에 소그룹을 일반 소그룹으로, 삼위일체 하나님의 선교에 참여하는 소그룹을 선교적 소그룹으로 구분하고자 한다.

1) 일반 소그룹

기성교회의 소그룹은 전통적으로 교회 중심의 내부 지향적 형태를 말하는데, 일반 소그룹은 교회의 주일 예배를 보완하거나 신앙의 단계적 성장을 위한 양육과 친교, 소그룹 예배, 성경 공부 등의 목적으로 운영되는 경향이 있는데, 이는 교회 부설기관으로 교회 조직에 편성되어 담임목사의 목회철학과 교회 사역 전략을 실현하는 핵심 조직으로 활용하였다. 일반 소그룹의 역할을 정리하면 다음과 같다.

첫째, 신앙 성장과 양육의 현장이다. 일반 소그룹에서 정기적인 성경 공부, 주제별 교재 학습, 묵상 나눔, 설교 나눔 등을 통해 지속적인 신앙훈련이 이루어진다. 특히 제자훈련 프로그램이나 구역모임, 셀 모임과 같은 소그룹 모임은 양육 도구로 활용되었다.

둘째, 교제와 돌봄의 공동체로서 중·대형화된 교회 구조적 한계를 보완하였다. 특히 목회자의 개인적인 돌봄이 어려운 환경에서 소그룹은 소속감과 정서적 유대감을 주었다. 병문안, 생일 축하, 심방 등을 통해 소그룹 내에서 상호 돌봄과 위로가 이루어졌으며, 이는 교회와 연결고리를 강화하여 교회 이탈을 막는 중요한 역할을 하였다. 그런 점에서 소그룹은 한국교회의 성장과 조직 관리, 성도 돌봄이나 신앙 교육에 중심적인 역할을 하였다.

셋째, 교회 행정과 동원, 사역의 주체 역할을 하였다. 많은 교회에서 소그룹은 전도, 행사 준비, 봉사, 심방 등에 적극적으로 참여하는 주요 기관이다. 예를 들어, 전교인 수련회, 부흥회, 구역별 찬양대회, 전도 초청잔치, 식당 봉사 등에서 소그룹 단위로 참여함으로써 행정적으로 교회 사역에 효과적으로 동원되어왔다.

넷째, 교회 성장 전략에 중요한 역할을 하였다. 1990년대 이후 성장 중심의 한국교회 목회 전략은 '전도→정착→양육→리더 훈련→재생산'의 과정으로 운영되었다. 이 과정에서 소그룹의 역할은 전도와 새 가족 정착 그리고 양육과 리더 개발, 재생산을 소그룹에서 이루어졌는데, 이는 소그룹의 핵심 요소로 작용하였다.

이러한 유익에도 불구하고 일반 소그룹에는 한계가 있다. 첫째, 일반 소그룹은 교회와 성도의 필요와 유익에 편중하는 내부 지향적 성향과 폐쇄적 구조로 축소되었다. 소그룹의 주된 목적이 성도 간의 친교, 영적 교류, 교회 생활 적응, 예배, 동원 등으로 한정되어 세상을 향한 교회의 외적 사명을 잃었다. 이에 따라 소그룹은 자기만족만을 위한 소비주의적 교회를 지원하는 도구가 되었다.

둘째, 프로그램 중심과 조직의 도구화이다. 일반 소그룹은 '구역체계', 'G12', '셀 시스템' 등 정형화된 커리큘럼의 의존도가 높다. 이러한 시스템은 체계성과 효율성은 있지만, 획일화로 인해 다양한 문화와 환경을 배제하는 문제가 있다. 이는 불확실성이 큰 현대사회에서 도태되거나 성도들의 상황을 유기적으로 대응할 수 없는 약점이 있다.

셋째, 영적 형식주의와 신앙의 사사화 현상이다. 일반 소그룹은 말씀 공부, 찬양, 기도 등이 형식적으로 반복되는 경향이 있으며, 형식화는 개인의 신앙을 자신의 일상과 삶에 적용하기보다는 개인화, 내면화된 경건주의에 머물게 한다. 이는 신앙의 매너리즘을 부추겨 소그룹 공동체에서 얻을 수 있는 영적 역동성을 상실하게 한다.

넷째, 일반적인 소그룹은 성경 지식 중심의 제자훈련에 치중한 나머지, 삶 속에서 제자도를 실천하는 데 소홀한 경향이 있다. 그 결과 제자도는 이론과 지식의 습득에 머물러, 하나님 나라 백성으로서 삶을 통한 선교적 증언이 약화하였다. 이러한 현상은 '성경적 지식은 풍성하지만, 행동과 실천하지 않는 제자'를 만들어내는 위험을 초래한다.

다섯째, 지역사회와의 단절이다. 일반 소그룹은 지역적, 공적 연계성이 부족하여, 삶의 현장과 단절된 채 '교회 안'에 머물게 하였다. 이는 소그룹이 지역사회에서 복음의 영향력을 발휘하기보다 교회 중심, 성도 중심의 닫힌 구조의 원인이 되었다. 특히, 지역사회와 연계성이나 성도들이 가정과 자신의 일상, 일터에서 영향력을 발휘하지 못함으로 무기력한 성도로 전락하게 되었다.

따라서 일반 소그룹은 한국교회의 양적 성장과 조직의 체계화에 이바지했지만, 복음의 공공성과 실천성, 일상의 삶에서의 제자도에 대해서는 한계를 내비치었다. 교회가 그리스도의 몸으로서 하나님의 코이노니아를 회복하고, 삼위일체 하나님의 선교에 참여하여, 세상을 회복하는 소그룹이기 되기 위해서는 소그룹의 방향성과 구조적 전환이 필요한 시점이다. 이러한 소그룹의 혁신적 변화를 시도하지 않으면, 교회는 세상과 단절된 채, 공동체의 왜곡과 영적 소비주의 늪에 빠져 하나님 나라와 동떨어진 교회로 머물게 된다.

2) 선교적 소그룹

선교적 소그룹은 삼위일체 하나님의 선교에 동참하는 파송된 공동체로서 교회 즉, 선교적 교회를 실질적으로 실천하는 기관이다. 전체 교회가 선교적 사역의 주체가 되는 건 쉬운 일이 아니다. 자칫하면, 교회 프로그램이나 행사, 사역 중심으로 전락할 수 있다. 이런 경우, 선교적 교회는 본질 즉, Being(존재)에서 우러나오는 게 아니라, 보여지는 Doing(활동)에 한정될 수 있다. 실제로 교회는 다양한 사역과 성도 돌봄, 예배 등이 우선시되어 선교적 정체성이 뒷전으로 밀리기도 하지만, 반대로 교회가 선교적 실천을 강조하면, 교회가 가져야 할 내적 영역을 놓칠 수 있기 때문이다. 그런 점에서 교회가 선교적 활동을 주도하기보다 성도와 소그룹에서 선교적 정체성과 선교적 실천이 이루어지도록 지원하고 응원하는 게 중요하다. 이때 선교적 교회의 사역은 지속 가능하며 효과적으로 나타난다.

그래서 선교적 소그룹은 소그룹을 교회의 부설기관으로 보지 않고, 성도들의 일상과 일터, 지역사회에서 '교회 그 자체'로 존재하며, 예배, 교제, 훈련, 선교적 여정, 선교적 실천을 이루어내는 통합적 공동체를 이루어낸다. 따라서 선교적 소그룹은 선교적 교회의 실행기관으로써 선교적 교회의 본질과 동일한 정체성과 사명이 있다. 스콧 보렌(Scott Boren)은 선교적 소그룹을 내적 교제와 외적 선교가 통합된 공동체, 즉 하나님의 백성이 지역사회 속에서 선교적 정체성으로 살아가는 생활 공동체로 정의하였다[9].

이는 전통적인 소그룹이 추구해왔던 '신앙훈련'이나 '친교'를 넘어서, 선교적 삶의 리듬으로 살아가는 방식으로 보았기 때문이다.

이러한 선교적 소그룹은 다음과 같은 원리를 지향하는데, 첫째, 삼위일체 하나님의 선교를 기초로 한다. 교회의 한 축을 이루고 있는 선교적 소그룹은 삼위일체 하나님이 선교의 주체이며, 교회(선교적 소그룹)는 그분의 선교에 동참하는 존재라는 인식에서 시작한다. 교회(선교적 소그룹)는 선교를 '하는 곳'이 아니라, 하나님께서 세상을 구속하시기 위해 부르시고 보내신 공동체이다. 이 관점은 선교를 교회의 부속 사역으로 보던 기존 시각에서 벗어나, 교회(선교적 소그룹)의 존재 자체가 선교적임을 강조한다. 따라서 선교적 소그룹은 세상 속에서 하나님의 구속 사역에 참여하는 삶의 현장에서 선교 공동체로 활동한다.

둘째, 선교적 소그룹은 삼위일체 하나님의 공동체적 본질을 내포하고 있다. 이는 삼위일체 하나님 안에 존재하는 관계성과 파송의 모범을 따르는 공동체로서, 서로를 향한 사랑의 관계 안에 계시며 세상을 향해 선교적으로 파송하시는 하나님의 성품을 반영한다. 따라서 삼위일체 하나님의 공동체성을 닮은 선교적 소그룹은 그리스도의 몸으로서 내적 친밀함(교제)과 외적 사명(선교)의 조화를 이루며, 단순히 모이는 데 머무르지 않고 세상 속으로 흩어지는 교회, 곧 선교적 공동체로 살아간다.

---

9) Scott Boren, *Missional Small Groups: Becoming a Community That Makes a Difference in the World* (Grand Rapids, MI: Baker Books, 2010), 25 - 27.

셋째, 성육신 원리의 실천이 선교적 소그룹 안에서 이루어진다. 예수 그리스도의 성육신은 하나님이 세상 한복판으로 들어오신 사건이다. 선교적 소그룹도 이 성육신적 원리를 본받아, 일상과 삶의 현장으로 들어가 이웃과 함께 사는 공동체를 지향한다. 이는 단순히 전도나 봉사 차원이 아니라, 삶 자체가 복음적인 선교적 실천이다. 이처럼 선교적 소그룹은 인간의 세계로 성육신하신 예수 그리스도처럼 사람들 안으로 들어가 그들과 함께 먹고, 웃고, 슬퍼하며, 하나님 나라의 가치를 삶으로 드러낸다.

넷째, 제사장적 정체성의 회복이 일어난다. 선교적 소그룹은 모든 성도가 선교의 주체로 부름 받았다는 사실을 인정한다. 이는 목회자 중심의 구조에서 벗어나 모든 성도는 하나님 나라의 대사이며, 각자의 삶의 자리에서 하나님의 선교에 동참할 사명을 가진 존재임을 의미한다. 따라서 선교적 소그룹은 리더 한 사람의 헌신에 의존하기보다, 모든 참여자가 함께 서로 덕을 세우며, 예배하고, 분별하며, 섬기고, 선교하는 참여형 공동체로 운영된다.

하지만, 소그룹을 교회와 동일시하는 것에 불편함을 느끼는 사람들이 있을 것이다. 그러한 불편은 대개 제도적 교회에 대한 기준에서 비롯된다. 그러나 성경에서 말하는 교회, 즉 에클레시아는 제도가 아닌 그리스도의 몸인 공동체를 뜻한다. 따라서 선교적 소그룹은 제도적 교회가 아니라, 에클레시아로서의 교회, 곧 그리스도의 몸으로서의 교회를 구현하는 공간이다. 이 점을 이해하면, 소그룹과 교회의 본질적 차이와 연결성을 보다 명확히 알 수 있다.

1) 선교적 플랫폼의 정의

플랫폼(platform)은 역에서 승객이 열차를 타고 내리기 쉽도록 철로 옆으로 지면보다 높게 설치한 평평한 장소를 의미하지만, 현대에 와서는 주로 산업 분야에 특정한 기능이나 서비스를 제공하는 기반인 시스템이나 환경을 의미하는 것으로 소프트웨어, 하드웨어, 서비스 등 다양한 형태로 존재하며, 사용자와 개발자 간의 상호작용, 창의성, 독창성, 유연성을 가능하게 하는 중개 역할을 한다. 특히 IT와 비즈니스 분야에서는 어떤 간섭도 없이 창의성을 발휘할 수 있는 플랫폼의 역할은 중요하다. 이런 점에서 선교적 소그룹 역할도 플랫폼과 동일하다. 선교적 플랫폼은 교회 공동체의 내적 역동과 외적인 선교적 사명의 실천이 이루어지는데, 이는 플랫폼이 기술적 구조나 교환의 장이 아니라, 삼위일체 하나님의 공동체성과 선교적 참여를 끌어내는 신앙적 공간으로 이해할 수 있다. 즉, 하나님과 인간의 코이노니아와 그리스도의 몸으로써의 성도 간의 코이노니아, 그리고 교회(성도)와 세상(이웃)과의 코이노니아가 상호작용하는 관계적 연결고리로 이해한다.

이러한 역할은 플랫폼으로서 선교적 소그룹을 구체적으로 설명하고 있다. 즉, 선교적 소그룹은 교회의 내적 역동(영적 공동체성)과 외적 역동(선교적 실천성)을 연결하는 중층적 공간으로, '교회 안의 교회(*ecclesiola in ecclesia*)'와 '교회 밖의 교회(*ecclesia extra ecclesia*)'의 역할을 아우르는 신학적, 실천적 플랫폼을 의미한다.

2) 교회 안의 교회와 교회 밖의 교회

선교적 소그룹은 교회 내적 역동성이 나타나는 '교회 안의 교회'와 교회의 역동성이 세상에서 드러나는 '교회 밖의 교회'의 통합적 개념을 지니고 있는데, 이는 교회의 대내외적 역동 중에 어느 하나에 편향하지 않는 정체성과 방향성을 가진다는 의미이다.

교회 안의 교회 '교회 안의 교회'는 17세기 필립 야콥 슈페너(Philipp Jakob Spener)가 『경건을 사모함(Pia Desideria)』에서 제시한 개념으로, 종교개혁 이후에도 여전히 개신교회의 관료화와 교리화로 인한 영적 무기력함의 대안으로 등장하였다. 슈페너는 참된 신앙의 회복이 소규모 경건 공동체 안에서 이루어진다고 보았다. 이러한 소그룹은 그리스도의 몸 된 성도들이 성경 묵상과 상호 돌봄, 기도, 신앙의 나눔을 통해 신앙의 생명력을 되살리는 내적 역동성을 가지고 있었다.

소그룹에서 내적 역동이 작용할 때, 교회 안의 교회 정체성이 드러나며, 성도들은 말씀과 성령의 인도하심 속에서 위로와 격려, 회복, 덕을 세움, 그리고 진정한 교제가 이루어졌다. 이렇게 교회 안에 교회가 가진 내적 역동은 인격적으로 하나님을 경험하고 지체와 하나 됨을 누리는 구원의 능력과 공동체성을 회복시키며, 그리스도의 몸으로서 영적 회복을 이루게 한다.

교회 밖의 교회 '교회 밖의 교회'는 '교회밖에는 구원이 없다'라고 주장한 중세 가톨릭의 명제와 반대되는 개념으로, 선교적 교회에서 새롭게 제기된 교회의 담장 밖을 넘어, 세상 속에서 존재하며 하나님 나라를 구현하는 교회를 의미한다. 이는 교회 건물 바깥에서 활동한다는 뜻이 아니라, 하나님이 이미 일하고 계신 세상으로 파송된 공동체로서의 교회 정체성을 회복하는 개념이다. 이때 선교적 소그룹은 외적 역동을 구체화하는 교회 밖의 작은 교회의 전형적인 모습이다.

선교적 소그룹은 일상과 일터, 지역사회, 가정, 캠퍼스 등 일상의 구체적 현장에서 하나님 나라의 가치와 정의, 사랑을 실천하는 보냄 받은 공동체로 존재한다. 예수께서 제자들을 세상 속으로 보내셨듯(요 20:21), 선교적 소그룹은 세상에서 복음의 성육신적 사명을 실천하는 목적이 있다. 이는 사회봉사나 전도 프로그램이 아니라, 관계와 참여를 통한 하나님 나라의 현현이다. 성도들은 자신의 일상의 관계망에서 빛과 소금으로 그리스도의 향기를 드러내며, 신앙을 '삶의 언어'로 증언한다(마 5:14-16).

이처럼 선교적 소그룹은 '교회 안의 교회', '교회 밖의 교회'로서 교회와 세상, 모임과 흩어짐을 연결하는 선교적 플랫폼의 역할을 해야 한다. 교회가 일률적 사역을 택할 수밖에 없는 현실에서 선교적 소그룹은 열린 연결망을 통해 교회와 세상을 이어주고, 창의적이며, 유기적인 사역들이 자유롭게 펼치는 플랫폼으로써 교회의 본질을 실행하는 데 있어서 중요한 역할을 한다.

3) 선교적 소그룹이 플랫폼이 되어야 할 이유

선교적 소그룹이 플랫폼이 된다는 것은 소그룹이 교회 안의 활동에 머무는 것이 아니라, 교회의 본질적 사명인 모이는 교회와 흩어지는 순환 구조를 실현하는 이음 공간이 된다는 의미이다. 교회의 생명력은 내적 성장과 외적 실천이 균형 있게 맞물릴 때 지속된다. 그러나 전통적으로 일반 소그룹은 친교나 말씀 학습과 같은 내적 성장에 머물러 있지만, 선교적 소그룹은 모이는 공동체의 내적 역동과 세상으로 흩어지는 외적 역동을 상호 순환적으로 연결하는 플랫폼 구조로 되어 있다. 다음은 선교적 소그룹이 플랫폼이어야 할 이유이다.

첫째, 선교적 플랫폼은 교회의 본질과 목적을 구현하는 '교회 안의 교회'와 '교회 밖의 교회'의 전형적인 모습이다. 선교적 소그룹은 교회 공동체에 속해 있으면서 동시에 세상으로 파송된 사명 공동체로 존재한다. 선교적 플랫폼은 이 두 차원을 통합하여, 모이는 공동체와 흩어지는 공동체의 중심축의 역할을 한다. 내적 역동이 없는 외적 실천은 피상적 활동에 그치고, 외적 사명이 없는 내적 신앙은 폐쇄적 영성으로 변질하기 쉽다.

둘째, 선교적 플랫폼은 내적 역동과 외적 사명을 잇는 연결 공간이다. 기술적 플랫폼이 다양한 이용자와 시스템을 연결하듯, 선교적 소그룹은 교회와 세상을 잇는 선교적 네트워크를 이룰 수 있다. 교회가 세상 속으로 파송될 때, 그 연결의 중심에는 관계가 있다. 선교적 플랫폼은 이 관계의 그물망 안에서 하나님 나라의 가치가 흐르게 한다. 이는 단순한 전도 전략이 아니라, 삼위일체 하나님의 선교에 참여하는 방식이다. 성도는 자신의 일상적 삶의 자리가 곧 선교적 네트워크의 마디가 되어 하나님 나라의 확장에 참여하게 된다(마 13:33). 따라서 선교적 플랫폼은 소그룹이 '다중 연결의 거점'임을 시사한다.

셋째, 선교적 플랫폼은 유기적이며 창의적인 다양한 사역을 가능하게 한다. 선교적 소그룹은 교회 담장을 넘어 다양한 사회적 변화와 상황에 맞게 창의적으로 사역할 수 있으며, 획일적이거나 고정된 방식이 아닌, 선교적 상황화에 적극적으로 대응하는 유연성을 가지고 있다.

넷째, 선교적 플랫폼은 성도들이 일상과 일터, 지역사회와 가정에서 겪는 스트레스와 어려움, 고민을 공동체 안에서 말씀, 나눔, 예배, 친교를 통해 회복하도록 돕는 재충전의 공간이 된다. 성도들의 선교적 여정은 영적 전쟁으로 표현할 정도로 치열한 경쟁과 도전, 때로는 갈등과 상처가 가득한 일상에서 생존과 성육신적 삶의 통합적 정체성을 유지하는 삶이다. 이러한 일상의 삶은 공동체의 내적 돌봄과 영적 회복이 제공되지 않으면, 오래가지 않을 뿐 아니라, 현실 포기의 위험에 노출될 수밖에 없다. 이때, 선교적 플랫폼은 성도들이 일상과 일터, 지역사회와 가정에서 선교적 실천을 이어갈 수 있도록 영적, 심리적, 물리적 안정을 제공한다.

다섯째, 선교적 소그룹의 성도들은 일터와 지역사회에서 함께 선교적 실천에 동참할 수 있다. 이때 그리스도의 몸인 소그룹은 교회와 협력하여 사역할 수도 있고, 상황에 따라 소그룹 단독으로 사역할 수도 있다.

여섯 째, 선교적 플랫폼은 '파송과 귀가'의 선교적 순환을 주도적으로 이끈다. 이는 단발적 행사나 일회성 프로그램이 아니라, 성도들이 지속적으로 참여하도록 환경을 조성하는 구조다. 성도들은 예배, 말씀, 친교를 통해 회복되어 그 힘으로 세상에서 선교적 삶을 실천하며, 다시 공동체로 돌아와 하나님이 행하신 일을 나누고 회복을 경험하는 순환적 흐름이 자연스럽게 형성된다.

이 순환의 구조는 성부의 보냄과 성자의 순종, 성령의 내주라는 삼위일체 하나님의 사역 방식을 드러낸다. 따라서 선교적 소그룹은 삼위일체적 선교가 교회 안에서는 역동적으로, 세상 속에서는 실천적으로 나타나도록 잇는 하나님의 선교적 플랫폼이라 할 수 있다.

4) 플랫폼을 지원하는 교회의 역할

교회는 선교적 소그룹이 선교적 삶을 실천하도록 다음과 같이 지원해야 한다. 첫째, 성도들이 선교적 사명을 실천하도록 교육과 훈련을 제공하여 선교적 역량을 강화한다. 둘째, 선교적 소그룹을 형성하고 운영하도록 리더를 훈련하고 자원과 네트워크를 제공하여 소그룹이 효과적으로 작동하게 한다. 셋째, 목회자는 성도들의 동반자로서 상담과 격려를 통해 선교적 삶을 살도록 격려한다. 넷째, 교회 차원에서 디아코니아 사역과 같은 사회적 책임을 수행할 수 있는 인프라와 재정, 프로그램을 마련하여 성도들이 지역사회에 실질적으로 이바지하도록 한다. 소그룹이 단독으로 지역사회와의 협력은 쉽지 않기에 교회가 지자체 혹은 지역 관련 단체와 접촉점을 제공해주는 게 필요하다.

이러한 노력을 통해 성도들은 하나님 나라의 확장을 위해 자신의 자리에서 적극적으로 참여하게 된다. 성도들이 각자 삶의 자리에서 선교적 삶을 살아갈 때, 그들은 하나님의 사랑을 전하며 세상에 긍정적인 영향을 미칠 수 있다. 교회는 성도들이 지속성을 갖도록 지원하며, 이를 통해 하나님 나라의 비전을 더욱 확고히 세울 수 있다. 하나님께서 주신 사명으로 성도들이 선교적 삶을 적극적으로 실천할 때, 교회는 더욱 풍성한 열매를 맺는다. 특히, 선교적 교회가 이웃과 지역사회와의 관계를 형성하는 것은 중요한 과제이다. 그러려면 그들의 필요를 알기 위해 이웃과 지역사회에 들어가 그들의 문화적, 경제적, 사회적 상황을 조사하고, 주민들과 대화하며 관찰하는 과정이 필요하다. 이러한 이해를 바탕으로 하나님의 일 하심을 발견하고, 그들의 이웃이 되어 하나님의 선교를 드러내야 한다. 그러나 무조건적 사역은 경계할 필요가 있다. 단지 기존에 가난한 자와 소외된 자를 돌보는 사회복지와 의료, 교육 활동 등 복지사업에 치중할 게 아니라, 먼저 그들의 이웃과 친구가 되는 것이 중요하다.

04 선교적 소그룹의 라이프 스타일

선교적 소그룹의 생활양식(Life-style)은 단순히 모임의 운영이나 소그룹의 형식적인 활동이 아니라, 삼위일체 하나님의 선교에 참여하는 성도들의 삶의 방식이며, 일상을 하나님의 선교적 부르심에 응답하는 삶의 리듬으로 재구성하는 전인격적인 태도이다. 즉, 선교적 소그룹은 특정 프로그램에 참여하는 사람들이 아니라, 선교적 정체성에 따라 살아가는 공동체적 삶을 말한다. 그래서 선교적 소그룹이 지향하는 생활양식은 예배, 관계, 일상, 실천, 학습이 따로 존재하는 게 아니라, 성도들의 삶이 공동체의 생활양식 안에서 유기적으로 통합된 선교 정체성을 갖는 것이다. 이들의 삶의 중심에는 그리스도의 몸된 성도들이 삼위일체 하나님의 선교에 참여하려는 공동체적 연합이며, 이 연합은 다양한 일상에서도 빛과 소금의 정체성을 드러내는 참된 그리스도인의 모습으로 나타난다.

이러한 모습에는 예배와 같은 내적 활동이 특정한 시간과 공간에서만 나타나는 신앙이 아니라, 성도들의 삶 전체에 하나님의 거룩한 산 제물로 나타나게 된다(롬 12:1). 이들은 관계, 소비, 시간 관리 등 일상의 사소한 선택에서도 하나님 나라의 가치를 따르며, 행동과 태도까지도 일상의 예배자로 살아간다. 특히, 선교적 소그룹은 공동체의 예배와 모임에서 받은 은혜가 다시 일상으로 흘러가고, 일상에서 경험한 사건이 다시 예배로 돌아오는 순환 구조를 지니고 있다.

또한 선교적 소그룹은 '모임 중심'이 아니라 '관계 중심'이다. 소그룹이 일주일에 한 번 모이는 모임에 그치지 않고, 주중에도 서로의 삶을 응원하고, 기도하며, 지속적인 관계망을 이루고 있다. 이 관계는 "그에게서 온 몸이 각 마디를 통하여 도움을 받음으로 연결되고 결합되어 각 지체의 분량대로 역사하여 그 몸을 자라게 하며 사랑 안에서 스스로 세우느니라"(엡 4:16)라고 바울이 말한 것처럼, 선교적 소그룹은 친분이나 교제를 넘어 서로 이어지고 연결되어 삶의 무게와 기쁨을 나누고 서로를 지지하며, 함께 은혜의 삶을 나누는 그리스도 몸의 연합이다. 더 나아가 이들의 관계는 교회 안의 성도를 위한 닫힌 관계가 아니라, 이웃과 동료, 지역사회와도 나누는 개방적이고 유연한 관계를 추구한다.

이러한 관계적 삶은 일상에서 삼위일체 하나님의 선교를 실천하는 생활방식이다. 이처럼 성도들의 선교는 작은 배려와 경청, 정직한 태도, 성실, 약자에 관심, 지역의 필요에 응답 등은 일상에서 구현되는 실질적인 선교적 삶이다. 이는 삶으로 드러나는 복음이 된다.

2부에서는 선교적 소그룹이 갖추어야 할 중요한 요소들을 만나게 될 것이다. 이러한 요소는 선교적 소그룹의 필수요건뿐 아니라, 일반 소그룹이 선교적 소그룹으로 전환할 때 추구하고 훈련해야 할 요소들이다. 그런 점에서 6가지의 요소는 선교적 소그룹의 핵심 DNA라 할 수 있다.

● 소그룹 나눔 ●

① 일반 소그룹 모델의 한계점은 무엇이며, 이러한 한계점이 교회의 사명을 실행하는 데 어떤 영향을 미치는가?

② 선교적 소그룹이 '교회 안의 교회'와 '교회 밖의 교회'를 실현하는 선교적 플랫폼이 되려면, 여러분 소그룹에서 제일 먼저 무엇을 해야 하는가?

③ 성도 개인이 자신의 일상과 일터, 지역사회에서 선교적 정체성을 실현하기 위해, 선교적 소그룹은 어떤 방식의 리더십과 관계성을 지향해야 하는가?

2부

선교적 소그룹의 주요 요소

선교적 소그룹은 어떻게 형성되는가?

선교적 소그룹은 교회의 하위 조직이나 보조적 프로그램이 아니라, 교회의 본질을 직접적으로 드러내는 작은 공동체이다. 그러므로 소그룹이 어떠한 정체성과 구조를 갖느냐는 교회의 선교적 실천 여부를 가늠하는 중요한 기준이 된다. 선교적 소그룹은 소그룹 활동에 선교적 요소를 추가한 형태가 아니라, 존재론적으로 선교적 정체성을 지닌 공동체를 의미한다.

이러한 선교적 소그룹은 자연 발생적으로 형성되지 않는다. 선교적 소그룹은 특정한 가치와 방향성, 그리고 분명한 핵심 요소들에 의해 의도적으로 형성되고 지속적으로 훈련된다. 다시 말해, 선교적 소그룹은 프로그램이 아니라 형성(formative)의 결과이다.

2부에서는 선교적 소그룹의 여섯 가지 핵심 요소를 제시한다. 이 요소들은 선택적이거나 부차적인 특성이 아니라, 소그룹을 선교적 공동체답게 만드는 필수적인 요소들이다. 이 여섯 가지 요소는 선교적 소그룹의 선교적 영성부터 선교적 성품, 선교적 공감과 선교적 여정, 선교적 상황, 그리고 선교적 제자도에 이르기까지 선교적 공동체의 전 영역을 포괄한다.

이 요소들은 각각 독립적으로 존재하지 않으며, 상호 유기적으로 연결되어 하나의 선교적 공동체를 형성한다. 어느 하나라도 결여될 경우, 소그룹은 선교적 정체성을 온전히 유지하기 어렵다. 따라서 선교적 소그룹의 형성은 특정 요소의 강조가 아니라, 여섯 가지 핵심 요소의 통합적 형성 과정이라 할 수 있다.

따라서 이 여섯 가지 핵심 요소를 신학적, 실천적 관점에서 고찰함으로써, 선교적 소그룹이 어떠한 공동체이며, 어떠한 방향으로 형성되어야 하는지를 구체적으로 제시하고자 한다. 이는 단순한 방법론의 제안이 아니라, 선교적 소그룹으로 살아가기 위한 공동체적 형성의 틀을 제공하는 데 목적이 있다.

소그룹의 혁신

- 교회의 본질에서 교회의 미래로 -

4장

선교적 영성

일반적으로 영성은 성도 개인의 내면적 경건성, 즉 기도, 묵상, 성경 및 신앙 독서와 같은 신앙적 경험으로, 기독교 전통 영성 훈련 및 관련 자료를 통해 습득되는 개별적 영적 행위이다. 또한, 교회 내의 영적 예식, 문화, 관계, 사역 등 기독교 문화적 맥락 안에서 제한적으로 통용되기도 한다.

그러나 영성의 개념은 단순히 내면적 영적 행위나 교회 공동체 내에서 이루어지는 영적 상호작용만을 의미하지 않는다. 영성은 하나님과의 관계 속에서 발현되는 내면적 차원뿐만 아니라, 외적으로 드러나는 성품, 행동, 언어와도 밀접한 관련이 있다. 예수께서 성도들을 '세상의 빛과 소금', '등경 위의 등불'로 비유하신 것은 이러한 영성의 확장된 이해를 뒷받침한다. 이는 영성이 내면적인 경건함과 외형적인 실천을 아우르는 통합적 개념임을 시사한다. 더 나아가, 이러한 영성은 교회 안에서의 종교

적 예식이나 행위에만 국한되지 않고, 하나님의 거룩한 백성(레 19:18)으로
서의 전형적인 모습이자 예수 그리스도를 닮은 제자도의 본질적인 발현
이어야 한다. 그러므로 영성은 개별적 내면성, 공동체적 관계성, 그리고
사회적 영향력을 포괄하는 그리스도인의 본질이자 정체성으로 정의된다.
간혹 교회에서는 경건하고 헌신적인 성도이지만, 가정이나 직장, 사회에
서는 그렇지 못한 성도가 있다.

> *"○○○집사는 교회에서는 참 좋은 분인데, 회사에서는 그
> 렇지 않나 봐. 직원들이 아주 싫어해"*
> *"우리 부모님은 매일 새벽기도 가고, 일요일도 온종일 교회
> 에서 봉사하지만, 집에만 들어오면 늘 싸우고, 짜증 내"*

영적 경건성과 봉사 활동에 헌신적인 일부 성도에 대한 교회 안팎에서
의 평가가 상이한 현상은 신앙에 의문이 제기되기도 한다. 이러한 평가의
괴리는 성도의 영성이 대체로 내면적인 차원에 한정되거나, 교회라는 특
정 공간 내에서 발현되는 행위로만 인식되는 경향에 기인한 것으로 해석
할 수 있다.

01 선교적 영성의 정의

선교적 영성(Missional Spirituality)은 단순히 개인의 내면적 경건이나 영적

체험이 아니라, 삼위일체 하나님의 선교에 참여하는 삶의 전반적인 태도와 방향성을 포함하는 영적, 실천적 삶으로, 이는 산상수훈에 나타난 성도의 정체성과 실천 그리고 의무 및 행동 양식 등에서 명확히 드러나듯이, 영성은 전인격적이고 통합적 삶의 모습이다. 구체적으로, 선교적 영성은 일상생활 속에서 하나님 나라의 가치를 구현하는 실천적 영성으로써, 하나님께 드리는 예배와 그리스도의 몸 된 교회를 세우는 공동체, 사회, 그리고 타자와의 관계 속에서 구체적으로 실현되는 실존적 영성임을 의미한다.

일반적으로 기독교의 전통적 영성은 수도원 중심, 혹은 교회 중심의 내적 경건 훈련으로 이해되나 오늘날의 선교적 영성은 신앙과 세속이라는 이분법적 구조를 넘어, 부르심 받은 성도들이 보내심 받은 존재로 삶의 전 영역에서 삼위일체 하나님의 선교에 동참하는 정체성이라는 점에서 더 본질적 영성을 추구한다. 다시 말해, 선교적 영성은 특별한 성직자나 선교사에게만 요구되는 것이 아니라, 일상의 자리에서 하나님과 동행하며 이웃과 사회를 섬기는 모든 신자에게 요구되는 보편적 영성이다. 로저 헬런드(Roger Helland)와 레너드 얄마르손(Leonard Hjalmarson)는 선교적 영성을 그리스도와의 연합에서 출발하여 세상을 향한 사랑의 실천으로 내면과 외면의 통합된 영성으로 보았다[10]. 이것은 선교적 영성이 내적으로는 하나님의 예배하고 그리스도의 몸을 세우며, 세상 밖으로는 삼위일체 하나님의 선교에 참여하여 이웃과 지역사회로 뻗어가는 것으로, 교회 안팎

---

10) Roger Helland & Leonard Hjalmarson, *Missional Spirituality*, IL: IVP, 2011, 66.

에서 타자를 향해 적극적으로 움직이는 그리스도인의 실천적 삶을 의미한다.

이러한 선교적 영성의 출발은 보내심과 성육신 그리고 교회와 함께하시는 삼위일체 하나님의 자기 나눔과 관계성 속에서 형성된 것이다. 이처럼 선교적 영성은 하나님과 인격적 관계성뿐 아니라, 보내시는 하나님과 일상에서 그분의 선교적 사역에 응답하는 공동체적이고 실천적 삶의 모습을 의미한다.

02 선교적 영성의 핵심 요소

선교적 영성은 삶의 전 영역에서 하나님의 임재를 인식하고, 복음의 가치와 하나님 나라의 원리를 실천함으로써 신앙의 본질적 방향성을 구현하는 개념으로 이러한 선교적 영성은 일상화, 공동체성, 참여라는 세 가지 핵심 요소를 통해 구체적으로 나타난다.

1) 일상화

선교적 영성의 특징 중 하나는 영성의 일상화(Everydayness)이다. 이는 성도의 신앙이 교회뿐 아니라, 일상에도 지속되는 실천적 영성임을 의미한다(골 3:17; 23-24). 다시 말해, 하나님과의 만남은 주일 예배나 특별한 사역 현장에서만 일어나는 것이 아니라, 아침의 식탁, 일터에서의 업무, 이웃과의 관계, 집안일, 휴식, 심지어 여행과 같은 평범한 일상 안에서 이루어짐을 의미한다(롬 12:1). 이것은 현대인의 일상은 하나님과의 관계를 돈독히 하고 그것을 구현하는 영성의 현장임을 뜻하는 말이다. 그리스도인의 존재와 정체성에 관한 예수 그리스도의 말씀(마 5:14-16)은 그리스도인의 됨됨이자, 우리의 일상에서 일어나는 성도들의 거룩한 삶의 모습이다. 예수께서도 공생애 동안 사람들과 함께 먹고, 걷고, 대화하며 병자를 고치고 이웃을 섬기는 일상적 행위 속에서 하나님의 나라를 드러내셨다. 따라서 선교적 영성은 일상이라는 삶의 무대를 통해 거룩함을 실현하는 것으로, 비범한 사역이 아닌 일상의 평범한 삶의 거룩성에 그 본질이 있다. 일상에서 나타나지 않는 영성은 책망받은 바리새인들처럼 형식적이고, 권위적이며, 지극히 자기만족에 도취하여 하나님 나라와 무관한 폐쇄적인 종교 행위자로 전락할 수 있다.

2) 공동체성

공동체에서 선교적 영성은 더욱 명확해진다. 영성은 고립된 개인의 내면적 체험보다 신앙 공동체 속에서 다른 지체와 함께 형성하고(고전 12:12-27), 실천해야 할 관계성이다. 이는 공동체가 조직적 모임이 아니라, 서로 간의 사랑, 책임, 연대, 나눔이 있는 '친교(*Koinonia*)'를 지향하는 것으로 초대교회 성도들은 지체가 함께 말씀을 배우고 떡을 떼며, 서로 필요를 나누고 기도하며 살아가는 공동체적 삶을 통해 복음을 실천했다(행 2:42-47). 이와 같은 영성의 모습은 슈페너와 웨슬리의 '속회'나 '밴드 모임'에서도 찾아볼 수 있다. 그들은 교회 안의 교회를 지향하며, 성도들이 소그룹에서 고백과 중보기도, 삶의 나눔을 통해 거룩한 삶을 나누었다. 이러한 공동체성은 바울이 말한 관계성(엡 4:16)으로, 그리스도의 몸 된 지체가 서로 이어지고 연결되어 나눔과 돌봄, 연합과 회복, 실천을 통해 성장함을 의미하였다(히 10:24-25, 갈 6:2). 그래서 공동체는 삼위일체 하나님의 선교에 참여하는 선교적 공동체로서, 서로를 세우고 세상에 하나님 나라를 드러내는 복음의 통로가 된다.

이처럼 선교적 영성은 개인이 하나님의 뜻을 따르는 것이 아니라, 지체가 함께 살아가며 하나님의 선교에 동참하는 공동체적 정체성을 말한다. 즉, 공동체는 선교적 영성의 산실이며, 서로를 통한 삶의 공간이다.

3) 참여

선교적 영성은 삼위일체 하나님의 선교에 참여(Participation)하는 영성이다. 이는 영적 만족이나 내면의 평안을 추구하는 관조적 영성이 아니라, 구체적인 행위로 세상 속에서 복음으로 살아내는 실천을 의미하는 것으로 정의, 자비, 화해, 구제, 환경 보호, 평화 운동 등의 다양한 사회적 영역에서 나타난다. 특히 선교적 영성은 타자 중심으로 예수께서 보여주신 섬김과 사랑의 삶이 곧 선교적 영성의 본질이다. 데이비드 보쉬는 이를 '길의 영성'이라고 표현하며, "영성이라는 용어에는 일상의 거룩함, 즉 거룩함과 세속의 조화, 실천 가능하고, 지속 가능하며 의미 있는 삶이라는 뜻이 담겨 있다. 따라서 영성 훈련은 어떤 사람이 갖고자 하는 인격과 실제의 인격 사이 격차를 좁히는 훈련이다"라고 하였다[11]. 이는 성전 중심이

---

11) 데이비드 보쉬, 『길의 영성』, 김동화·이길표 공역 (서울: 한국 해외선교회출판부, 2023), 8.

아닌 일상의 길에서 만나는 타자와의 관계 속에서 이루어지는 영성, 즉 공의와 윤리 그리고 사회적인 실천을 강조한 것이다. 결국, 참여는 선교적 영성을 세상 속으로 보내는 힘이며, 성도가 일상과 일터 그리고 지역 사회에서 복음의 증인으로서 자기 삶을 하나님 나라에 헌신하는 구체적인 고백이자 표현이다.

따라서, 선교적 영성은 일상에서 실천하고, 공동체 안에서 지체와 함께 성장하며, 하나님의 선교에 적극적으로 참여하는 관계성이다. 이 세 가지 핵심 요소는 선교적 영성을 내적 경건 생활의 형태가 아닌, 하나님 나라의 백성으로 살아가는 실천적 삶이다. 오늘날 교회는 세 요소를 통해, 부르심을 받은 성도들이 자신이 속한 삶의 현장에서 보냄 받은 자로 살게 해야 한다.

03) 선교적 영성의 세 가지 영역

선교적 영성은 하나님과의 관계 안에서 형성된 개인의 삶, 공동체와의 관계, 그리고 사회와의 소통 속에서 구체적으로 실천되는 통전적 영성이다. 이러한 영성은 성도들 안에서 개인 영성, 공동체 영성, 사회적 영성이라는 세 가지 영역에서 나타나며, 이는 독립적이라기보다 서로 균형적으로 연결되어 선교적 정체성으로 나타난다.

1) 개인 영성

그리스도인으로서의 정체성은 성도들이 기도하든, 일하든 어떠한 삶에 참여하든 예수 그리스도를 닮은 제자가 되는 것을 의미한다. 이러한 제자도를 구현하기 위해서는 성도 개인의 영적 내면화가 필수적인 요소이다. 만일 개인 영성이 취약할 경우, 하나님과의 영적 관계뿐만 아니라 인격적 관계 형성에도 부정적인 영향을 미치게 된다. 이는 하나님을 아는 지식과 그분과의 코이노니아를 형성하는 것이 성도의 본질적인 관계성이라는 점에서 비롯되기 때문이다. 따라서 영적 내면화는 경건 생활을 통한 하나님과의 인격적 교제, 내면 성찰, 그리고 경건한 삶을 통해 하나님의 뜻에 순종하며 살아가는 영적 성숙을 포함한다. 또한 이는 삶의 전반에 걸쳐 하나님의 임재와 교제를 추구하는 영육 간의 통전적인 삶의 태도를 반영한 것이다. 따라서 이 모든 과정은 성령의 도우심을 통해 그리스도의 마음을 소유하고 예수 그리스도의 삶과 인격을 본받아 그분의 사역을 계승하는 것을 목표로 한다. 이러한 총체적인 영적 실천은 성령의 도우심과 인도하심을 인정함으로, 믿음과 삶의 구체적인 실천을 통해 오롯이 드러난다.

개인 영성 생활을 형성하는 데는 여러 가지가 있다. '렉시오 디비나(*Lectio Divina*)'와 '기도와 침묵', 그리고 귀납법적 성경 관찰, 읽기, 적용하는 '큐티(Quiet Time)' 등은 개인적인 영적 신앙생활을 형성하는 방식이다. 특히, 전통적인 영성중의 하나인 렉시오 디비나는 성경 읽기(*lectio*), 묵상(*meditatio*), 기도(*oratio*), 관상(*contemplatio*)을 통해 말씀을 내면화하며 영적 성장을 촉진하는데, 최근에는 현대상황에 맞게 성경 읽기와 묵상 그리고 기도와 영성 일기 작성하기 등을 적용하는 예도 있다. 방법이야 어떠하든 개인 영성 생활은 성도가 가져야 할 중요한 영적 요소임은 분명하다.

이처럼 영성 활동은 하나님과의 친밀한 관계를 형성하는 기도, 묵상, 성경 읽기와 같은 경건 생활을 통해 하나님의 음성을 듣고 그분과 대화하며, 하나님의 뜻을 발견할 수 있다. 하나님과 인격적 관계는 신앙을 풍성케 하여 하나님의 사랑과 인도하심을 경험하게 한다. 그리고 내면의 변화와 영적 깨달음을 준다. 이러한 성도의 영성 생활은 성령의 열매를 통해 예수 그리스도를 닮은 참된 그리스도인이 되게 한다. 예를 들어, 말씀을 통한 묵상과 침묵 기도는 자신의 연약함을 깨닫고, 하나님을 전적으로 의지함으로 내적 안정감과 비전의 사명을 품게 한다. 또한 영성 활동은 신앙과 삶을 통합한다. 영성 생활은 영적 감동과 체험만을 의존하지 않고, 일상에서 하나님의 뜻을 실천하는 삶에서 영성은 분명하게 나타난다. 이는 신앙의 풍성함이 성도의 영적, 정서적, 지적, 사회적 균형과 함께 실천적 삶을 이루기 때문이다.

2) 공동체 영성

공동체 영성은 하나님 안에서 개인과 공동체가 상호작용하여, 한 몸을 의미한다. 공동체 영성의 핵심은 자신이 다른 지체와 이어지고 연결된 그리스도의 몸이라는 사실을 인식하는 데부터 시작한다(고전 12:27). 공동체가 단순한 모임이나 조직적 결합체가 아니라, 삼위일체 하나님의 코이노니아로 그리스도의 몸을 형성하는데, 이는 공동체의 영성이 지체의 하나 됨을 반영하기 때문이다. 사도행전 2장 43-47절에 나타난 초대교회의 공동체 생활에서 볼 수 있듯이, 성도들은 말씀과 기도, 나눔과 섬김으로 하나님의 나라의 대안 공동체의 모습을 보여주었다.

신약성경의 핵심은 공동체를 지향하는데, 이는 삼위일체 하나님의 코이노니아에서 출발하여 교회로 발전됨을 보여주는 과정에서 드러난 전형적인 교회의 모습이다. 그러기에 공동체 영성의 중요한 요소는 지체 간의 영적 돌봄과 상호작용을 통해 서로의 성장을 도와 영적으로 성숙하게 된다.

이러한 공동체 영성을 실천하기 위해서는 몇 가지 원칙이 있는데, 첫째, 하나 됨이 있어야 한다. 예수께서 공동체의 원형이 삼위일체임을 말씀하면서, 성도들도 이처럼 하나가 되기를 기도하셨다. "아버지여, 아버지께서 내 안에, 내가 아버지 안에 있는 것 같이 그들도 다 하나가 되어 우리 안에 있게 하사 세상으로 아버지께서 나를 보내신 것을 믿게 하옵소서. 내게 주신 영광을 내가 그들에게 주었사오니 이는 우리가 하나가 된 것 같이 그들도 하나가 되게 하려 함이니이다."(요 17:21-22) 이를 에디 레오(Eddy Neo)는 우리가 하나 되는 것은 하나님의 집에서의 삶의 방식이며, 서로의 안에 거하는 라이프 스타일이라고 하였다[12]. 이것은 우리가 하나 되어 하나님 안에 거할 때 하나님과의 영원한 관계 안으로 들어가기 때문이다.

둘째, 그리스도의 몸된 공동체는 '덕을 세움'을 우선적인 가치로 삼아야 한다. 바울은 그리스도인들이 모일 때 "각각 찬송시도 있으며 가르치

---

12) 에디 레오, 『공동체, 하나님이 거하시는 집』, 이세일 역 (안산: 큰숲, 2013), 50.

는 말씀도 있으며 계시도 있으며 방언도 있으며 통역함도 있나니 모든 것을 덕을 세우기 위하여 하라."(고전 14:26)라고 하였다. 이것은 소그룹 공동체의 최우선 순위가 지체 간에 몸을 세움에 있음을 시사한다. 고전 12장에서 바울이 성령의 은사와 다양한 지체들의 유기적 연합의 필요성을 역설한 이후, 14장에서는 각 지체가 덕을 세우기 위해 노력해야 함을 강조하였다. 이와 같이 '덕을 세움'의 본질은 소그룹 공동체 내 모든 성도를 '온전하게 함'에 그 목적을 둔다(엡 4:12-13). 즉, 공동체 영성은 각 지체가 서로의 은사를 통하여 온전함에 이르는 과정에 있음을 의미한다.

셋째, 지체들을 통해 치유와 회복이 일어나야 한다. 성도들이 일상에서 선교적 삶을 살면서 부딪히는 상처와 힘겨움, 스트레스와 맨탈이 무너질 때, 하나님의 성품을 닮은 공동체, 하나님이 거하시는 집에서 성령의 임재를 통해 치유되고 회복할 수 있어야 한다. 개러쓰 W. 아이스노글(Gareth Weldon Icenogle)은 그리스도의 몸된 공동체는 깨어짐과 상처와 상심과 갈등들이 고백되며, 용서가 이루어지고, 회개를 실천하는 곳이다. 즉 하나님의 속성을 닮은 그룹, 하나님과 언약 관계에 있는 그룹만이 변화되고 자신을 넘어 다른 이들을 변화시킬 수 있는 능력을 가지고 있다고 하였다[13]. 이것은 공동체 영성이 지향할 영적 정체성이자 능력이다.

이처럼 공동체 영성이 그리스도의 몸 된 내적 연합을 통해 사회적 책임으로 이어질 때, 하나님의 나라를 증거하는 대안적 공동체로서의 정체성을 확립할 수 있다. 교회는 다양한 역사적, 문화적, 사회적 배경 및 사상을

---

13) 개러쓰 W. 아이스노글, 『소그룹 사역을 위한 성경적 기초』, 김선일 역, (서울: SFC, 2007), 58.

가진 성도들로 구성되지만, 이들의 원형이 삼위일체 하나님에게 있다는 점에서 그리스도 안에서 한 몸을 이루는 단일 공동체로 인정할 수 있다. 이러한 소그룹 공동체는 하나님의 나라를 지향하며, 그리스도인으로서 사회적 책임에 민감하게 된다. 이런 맥락에서 공동체 영성은 개인적 영성을 토대로 하나님의 선교에 참여하는 통합적이고 실천적인 영성을 구현하는 데 핵심적인 역할을 하게 된다.

3) 사회적 영성

사회적 영성은 그리스도인다움을 실천하는 실천적 영성으로 영성이 자기 내면에 갇히지 않고, 하나님의 창조신학과 구속사에 참여하는 하나님의 선교적 백성의 본질이자 영적 정체성이다. 그런 점에서 사회적 영성은 하나님의 공의와 사랑을 이 세상 가운데 실현하려는 실천이다. 주로 타자와 이웃에 관한 관심, 정의와 평화, 환경 생태적 책임, 문화 속 선교 등 대사회적 실천을 추구하는 하나님이 창조하신 창조 세계의 회복에 있다. 이사야 1장 17절에 "선행을 배우며 정의를 구하며 학대받는 자를 도와주며 고아를 위하여 신원하며 과부를 위하여 변호하라 하셨느니라"라는 말씀이나 미가서 6장 8절에 "사람아 주께서 선한 것이 무엇임을 네게 보이셨나니 여호와께서 네게 구하시는 것은 오직 정의를 행하며 인자를 사랑하며 겸손하게 네 하나님과 함께 행하는 것이 아니냐"라고 하신 말씀은 사회적 영성의 전형적인 선언이다. 또한 아모스 5:21-24에 "너희 절기를 내가 미워하여 멸시하며 … 오직 정의를 물 같이, 공의를 마르지 않는 강 같이 흐르게 할지어다", 이사야 58:6-7절에 "내가 기뻐하는 금식은 흉악의 결박을 풀어 주며 … 주린 자에게 네 양식을 나누어 주며 유리하는 빈민을 집에 들이는 것이 아니냐"라고 하여 정의 없는 예배를 거부하시며, 종교적 형식주의를 비판하였다.

예수께서도 "지극히 작은 자 하나에게 한 것이 곧 내게 한 것이니라."(마 25:40)라고 하신 것은 영성이 성도의 내면화가 아닌, 사회적 실천임을 의미한다. 특히, 성도의 정체성을 세상의 소금과 빛(마 5:13-14), 등경 위에 둔 등불(마 5:15)로 표현한 것이나 눅 10:30-37절에서 강도 만난 사람에게 자비를 베푼 이웃이 되라고 하신 메시지는 사회적 책임을 지는 전형적 사회적 영성이다. 강도 만난 자를 돌본 선한 사마리아인의 행위, 즉 상처에 기름과 포도주를 바르고 싸맨 후 주막으로 이송하여 돌본 것은 그리스도인의 실천적 삶을 보여주는 대표적인 사례로 평가된다. 그러나 이러한 행위는 단순한 자비의 실천을 넘어, "너도 가서 이와 같이 하라"는 예수 그리스도의 명령에 내포된 바와 같이, 예수의 제자로서 삶에서 구현되어야 할 실천적 영성이 잘 나타낸 비유이다.

이처럼 개인의 경건한 영성 생활은 그리스도의 몸으로서 하나님의 코이노니아를 형성하며, 나아가 세상에서 활동하시는 삼위일체 하나님의 선교 현장에서 하나님 나라를 성취함으로써 선교적 영성이 극대화된다. 그래서 영성은 단순한 명상이나 세상으로부터의 도피가 아니라, 현재의 순간에서 예수의 제자로서 살아가는 삶을 의미한다[14]. 따라서 선교적 영

---

14) 김현진, 『공동체 신학』 (서울: 예영커뮤니케이션, 1988), 21.

성은 내적 영역에서 출발하여, 성령의 이끄심을 따라 지체와 더불어 유기적인 영성으로, 그리고 성령의 능력 안에서 하나님의 선교에 참여하고자 하는 열망을 반영한다.

04 선교적 영성의 상관관계

앞에서 언급했듯이 영성은 하나님과의 내면적, 인격적 관계에서, 공동체에서 하나 됨, 그리고 성령의 인도하심으로 세상의 책임감으로 발전한다. 마치 예수께서 광야에서 40일을 보내신 후에 공동체와 사회를 위한 공적 사역을 시작하신 것처럼, 성도의 영성은 공동체와 세상을 향해 하나님 나라를 지향해야 한다.

이러한 관점에서, 공동체 영성은 개인의 삶과 사회를 유기적으로 연결하는 핵심적인 기반이자 통로이다. 특히 소그룹 공동체는 성도들이 그리스도의 한 몸 된 지체로서 연합을 이루어, 개인의 영성이 확장되어 서로를 격려하며 덕을 세우는 공간인 동시에 삼위일체 하나님의 선교적 부르심에 응답하여, 함께 소명을 분별하고 실제적인 삶 속에서 실천해 나가는 중요한 플랫폼이다. 이처럼 공동체 안에서 이루어지는 진정한 나눔과 상호책임은 개인의 영성을 더욱 견고하게 다지며, 나아가 사회적 영성의 실천이 구체적인 형태로 구현하는 동력이 된다.

사회적 영성은 개인 영성과 공동체 영성의 총체적인 발현으로써, 하나님 나라에 능동적으로 참여하는 실천적인 영성이다. 이러한 사회적 영성은 개인과 공동체가 하나님께 받은 은혜를 세상 속에서 구현해내는 삶의 방식으로, 하나님과의 친밀함에서 비롯된 개인적 영성과 성도들 간의 사랑으로 맺어진 공동체적 영성이 타자를 향한 사랑과 정의의 실천으로 자연스럽게 확장된다. 이는 삼위일체 하나님의 선교적 백성으로서 선교적 여정을 지속적으로 실천하는 참된 제자도로 귀결되어야 한다. 그래서 사회적 영성은 유기적이며 균형 잡힌 통합적인 개념이다. 따라서 개인 영성, 공동체 영성, 그리고 사회적 영성중 어느 한 요소라도 소홀히 하거나 결핍될 경우, 온전한 영적 균형감을 잃게 된다. 이는 단순한 영적 편향이 아니라, 영성의 본질적 왜곡으로 이어져 심각한 위험을 초래할 수 있다. 만일 개인 영성만 강조하면 내면적 경건은 깊어지나 동굴 속에 갇혀 자의적이고 독선적 신앙을 내포하며, 관계와 사회에 무관심한 신앙인이 될 수 있다. 다시 말해, 기도, 묵상, 금식 등 개인 영성의 내면화는 고립을 초래하여 공동체와 사회의 아픔에 무감각해져 하나님 나라를 소홀히 여길 수 있다. 특히 이런 신앙관은 현실 도피적 신앙, 신비주의에 빠지거나 세상과 단절된 폐쇄적 경건주의로 나타날 가능성이 크다. 예를 들면, 매일 기도와 말씀 묵상은 열심이지만, 성도들과 관계, 공동체 참여나 사회적 문제에 대한 책임 회피로 삼위일체 하나님의 선교적 목적을 외면하게 된다.

이와 반대로, 개인 영성 없이 공동체 영성만이 지나치게 강조될 경우, 비록 교인들 간에 따뜻한 교제와 강한 소속감은 있으나, 내면의 성숙이 소홀해지고 세상에 영향력이 미비하여 하나님 나라의 비전에 무관심하게 된다. 이러한 상황은 피상적인 신앙에 빠져 공동체 활동(소그룹, 친교, 모임

등)은 활발하지만, 개인 기도와 영적 성숙함이 미비하여 공동체에 대한 맹목적 충성하는 무비판적 집단주의자로 전락하거나 관계 중심의 편향된 소그룹 문화를 조장할 수 있다. 예를 들면, 소그룹 모임에는 잘 참석하지만, 끼리끼리 집단화나 폐쇄적인 편중문화를 조장할 수 있으며, 자신의 실제 삶에서는 성경적 가치가 반영되지 못하는 경우가 생긴다.

만일 개인 영성과 공동체 영성 없이 사회적 영성만 강조하면 사회적 활동은 활발하지만, 하나님과의 관계나 교회 공동체와 한 몸 된 공동체성은 취약하게 된다. 특히 하나님의 선교적 실천과 무관한 사회봉사, 정의, 환경, NGO 활동 등이 성경적 공의로 오해받을 수 있다. 이들은 선교의 인본화로 사회 참여가 복음 선포보다 앞서거나 하나님 나라를 세워가는 영적 동기보다 이념적 동기가 강조될 위험성이 있다. 이 경우 사역이나 활동은 왕성하지만, 영적 동력의 결핍으로 목적 상실에 따른 공허함을 초래할 수 있다. 예를 들면, 사회 정의를 외치지만, 복음과 기도의 능력을 신뢰하지 않는 인본주의적 사고를 하게 된다.

따라서 영성은 내면(개인), 관계(공동체), 실천(사회)의 세 축을 아우르는 통전적인 균형을 갖춘 '선교적 영성'으로 지향되어야 한다. 이는 개인의 영적 깊이와 성숙함을 추구하는 영성과 성도들이 하나 되므로 연합하여 서로를 지지하며 영적 분별과 성숙을 도모하는 공동체 영성, 그리고 세상 속에서 하나님 나라에 참여하여 삼위일체 하나님의 선교를 이루어가는 통로가 되는 사회적 영성이 유기적으로 조화를 이루는 것을 의미한다. 이 세 가지 영성이 온전한 균형을 이룰 때야 비로소 성도는 예수 그리스도의 참된 제자로서의 삶을 온전히 살아갈 수 있으며, 교회는 교회 담장을 넘어 세상 속에서 삼위일체 하나님의 선교에 동참하는 진정한 선교적 공동체로 세워질 것이다.

① 여러분 교회에서 강조되는 영성은 성도의 내면적 경건인가, 아니면 일상, 직업, 지역사회 등 삶의 전반적 영역에서 실천하는 통합적 영성인가? (만일 내면적 경건이라면, 통합적 영성으로 전환하는 방법은 무엇인가?)

② 여러분 소그룹은 그리스도의 몸으로서 상호의존성과 상호책임을 기반한 공동체 영성을 어떻게 지향하고 있는가?

③ 소그룹에서 지역사회와 이웃을 섬기는 선교적 사명을 어떻게 실천하고 있는가?

5장

선교적 성품

현대 한국교회가 사회적 신뢰를 잃은 주요 원인은 그리스도인들의 성품 문제에서 원인을 찾을 수 있다. 일반적으로 비신자들은 기독교의 신학적 교리나 예수 그리스도의 존재 자체를 부정하기보다는, 오히려 종교화된 교회와 그리스도인들에게 반감이 크다. 마하트마 간디가 "나는 그리스도는 좋아하지만, 그리스도인은 좋아하지 않는다. 그들은 자신이 믿는 그리스도와 너무 다르기 때문이다"라고 언급한 바와 같이, 예수 그리스도의 가르침과 실제 그리스도인들의 행동 사이의 괴리, 즉 이중적인 태도에서 비롯된 것으로 해석될 수 있다. 나아가, 비신자들이 "너나 잘 믿으세요"라는 냉소적 반응은 현재 교회의 자화상을 적나라하게 반영하는 대표적인 현상이다. 이러한 불신 역시 성경적 가르침과 사뭇 다른 그리스도인들의 이중적 태도가 주된 원인이다. 복음은 행동과 말의 일치에서 영향력이 나타난다. 말보다 성도들의 삶이 오롯이 드러날 때 복음은 세상에서 빛으로 빛나게 된다.

일반적으로 성품(性品)은 사람의 성질과 됨됨이를 뜻한다. 성품에 대해 Gemini는 '사람의 성질이나 됨됨이, 또는 개별 존재가 본래 갖추고 있는 본성을 뜻하는 말로, 한 사람의 내면적인 특성과 도덕적인 품격을 나타내는 중요한 개념'이라고 대답하였다. 즉, 성품은 한 사람의 내면을 이루는 근본적인 특성이자, 삶의 태도와 관계 맺는 방식에 영향을 미치는 도덕적 역량이다.

이해 반해, 선교적 성품은 예수 그리스도의 성육신적 삶과 복음적 삶에 참여함으로 형성되는 인격적이고 공동체적 성향으로, 삼위일체 하나님의 선교에 동참하는 성도의 정체성과 삶의 방식을 드러나는 전인격적 모습이다. 이는 개인적 도덕이나 윤리적 성향을 넘어서, 예수 그리스도의 참된 제자의 모습이 삶의 열매로 나타난다. 바울은 이러한 열매를 참된 제자의 성품으로 이해하여 그리스도인은 "사랑과 희락과 화평과 오래 참음과 자비와 양선과 충성과 온유와 절제"(갈 5:22-23)의 성령의 열매로 드러난다고 하였다. 그래서 성령의 열매는 그리스도인다움을 나타낸다. 비신자가 예수 그리스도를 영접하며 성도가 되었을 때, 주변 사람들로부터 "교회에 가더니 변했다"라는 말을 듣는 이유가 내재하시는 성령께서 그 안에 역사하시기에 그분의 열매가 그의 새로운 행동, 삶으로 드러나기 때문이다. 그러기에 선교적 성품은 성육신하신 예수 그리스도를 따르는 제자의 자격이나 됨됨이다. 따라서 선교적 성품은 개인의 인격과 성격을 포함하는 본질로, 타인과의 관계에서 더욱 명확해진다. 그래서 데이비드 보쉬는 그리스도인의 성육신적 삶은 '존재-행동-말'로 형성된다고 하였다[15]. 이는 복음 전파는 단순히 전하는 것으로 끝나는 게 아니라, 복음을 전하는 전파자 즉, 그리스도인의 삶이 복음적이며, 성육신적 삶이 포함되어야만 듣는 자에게 의미가 있다는 것이다. 그런 점에서 세 가지의 순서가 중요한데 하나님의 선교적 백성인 그리스도인의 존재적 정체성이 행동(그리스도인다움)에서 드러나 그의 말(복음)이 진정성 있는 복음적 선포로 나타나기 때문이다. 이것은 예수께서 "너희 빛이 사람 앞에 비치게 하여 그들로 너희 착한 행실을 보고 하늘에 계신 너희 아버지께 영광을 돌리게 하라"(마 5:16)라고 하신 것과 상통한 것이다.

그래서 선교적 성품은 교회가 그리스도의 성육신적 삶을 본받아 형성한 성품 공동체로서, 복음의 내러티브에 신실하게 반응하고 하나님의 선교에 참여하기 위해 삶 속에서 드러나는 인격적 열매로 정의할 수 있다.

---

15) 데이비드 보쉬, 『변화하고 있는 선교』, 김병길·장훈태 역, (서울: CLC, 2010), 612.

선교적 성품은 단순히 개인의 도덕적 완성이나 인격 수양을 목표로 하지 않는다. 이것은 삼위일체 하나님의 선교에 참여하는 교회 공동체의 정체성과 실천에서 비롯되는 존재적 성향이며, 예수 그리스도의 성육신적 삶과 복음의 내러티브에 뿌리를 두고 있다. 그러기에 선교적 성품은 다음의 다섯 가지 핵심 요소를 이해하는 게 중요하다.

첫째, 예수 중심성이다. 선교적 성품은 궁극적으로 예수 그리스도의 삶과 성품을 본받는 데서 출발한다. 그리스도는 이 땅에 성육신하여 오심으로, 하나님의 사랑과 공의를 삶으로 드러내셨다. 따라서 선교적 성품은 '좋은 사람'이 되는 것이 아니라, 예수의 성품을 닮은 존재로 살아가는 것이다. 이는 성품이 복음을 전하는 도구가 아니라, 복음 그 자체를 삶으로 구현하는 방식임을 의미한다. 그리스도의 삶은 선교적 존재의 모델이자 성품 형성의 본질적 근거이다.

둘째, 성령의 열매로써의 성품이다. 앞서 언급한 것처럼, 선교적 성품은 인간의 노력만으로 형성되는 것이 아니라, 성령의 사역을 통해 자라나는 열매이다. 바울이 말한 성령의 열매는 성령께서 믿는 자 안에서 빚어내시는 성품의 표현으로 선교적 삶의 동력이며, 세상 속에서 그리스도의 존재를 증언하는 구체적 방식이다. 그러므로 선교적 성품은 개인의 도덕적 수양이 아닌, 성령에 의해 빚어진 인격적 복음이다.

셋째, 선교적 성품은 개인적인 인격의 완성을 넘어, 교회 공동체 안에서 형성되고 실천된다. 스탠리 하우어워스(Stanley Hauerwas)는 교회를 '성품 공동체'라고 말하며, 성품은 공동체의 이야기를 통해 형성되고, 공동체 안에서 지속적으로 훈련되고 확인된다고 강조한다[16]. 따라서 선교적 성품은 '나의 성숙'만이 아니라, 공동체가 함께 예수 그리스도를 닮아가는 과정이며, 서로에 대한 책임과 실천을 포함한다.

넷째, 성육신적 실천이 있다. 선교적 성품은 삶의 실제적인 현장에서 드러나는 실천을 지닌다. 이는 추상적 가치나 감정의 표현을 넘어, 몸으로 살아내는 복음적 삶이다. 예수 그리스도께서 인간의 몸을 입고 세상 한복판에 오신 것처럼, 교회 공동체의 성품도 세상으로 들어가 구체적인 삶으로 표현되는 성육신적 성품이어야 한다. 이는 소그룹과 교회 공동체가 삶의 자리에서 '착한 행실'(마 5:16)을 통해 하나님의 선하심을 드러내야 함을 의미한다.

다섯째, 공공성 및 선교적 증언이다. 선교적 성품은 교회 안에서만 실천되는 것이 아니라, 세상 속에서 공공적인 복음의 증언으로 확장되어야 한다. 성품은 개인의 내면과 교회 안에 머물지 않고, 일상과 일터, 가정 그리고 지역사회 등 모든 삶의 영역에서 드러나는 공적 성격을 지닌다. 특히 오늘날 탈 기독교 사회에서, 기독교는 말보다 행동으로 평가받는 시대이며, 교회의 존재 이유도 세상 속 선한 영향력으로 나타나야 한다. 그런 점에서 선교적 성품은 공공의 선을 추구하고, 타자를 섬기며, 사회적 책임을 감당하는 윤리적 삶으로 표현된다.

이러한 성품은 개인으로 하여금 그리스도인의 특정 태도를 보이게

---

16) 데이비드 보쉬, 『변화하고 있는 선교』, 김병길·장훈태 역, (서울: CLC, 2010), 612.

하고, 결단을 유도하며, 행동으로 옮기게 하는 내면적 바탕이자 실천적 능력이다. 따라서 성품은 개인적인 도덕적 덕성 이상의 삶의 양식의 문제로 확장된다. 즉, 삶의 양식 자체가 성품으로 발현되어, 선교적 소그룹의 성도들의 선교적 실천을 가능하게 하는 핵심 동력이 되는 것이다. 이는 그리스도인의 존재 양식이 세상 속에서 복음의 증거로 작용함을 의미한다.

따라서 선교적 성품은 예수 그리스도의 삶을 따르는 성령의 사람들로서 공동체 안에서 함께 훈련되고, 세상 속에서 공공의 선을 위해 실천되며, 하나님의 선교에 동참하는 선교적 공동체의 총체적 삶이다. 이것은 단순한 미덕이나 인격의 문제가 아니라, 교회가 교회답게 존재하는 방식으로 세상 속에서 하나님의 선교적 백성으로 살아내는 존재론적 증언이다.

03 선교적 성품의 대사회적인 영향

선교적 성품이 세상에 미치는 영향력은 복음의 본질을 삶으로 구현함으로써 세상을 변화시키는 힘으로 나타난다.

1) 선교적 성품은 교회의 정체성을 형성한다

선교적 성품은 교회의 존재를 정의하는 존재적 정체성으로, 성품 공동체로서 교회의 공동체적 성격과 존재 방식을 규정하는 윤리적 토대이다[17]. 즉, 교회의 정체성이 성품에 의해 드러나며, 선교적 정체성도 이러한 선교적 성품에서 비롯된다. 성령을 통해 신앙의 증거로 나타나 공동체 전체에 긍정적인 영향을 미친다. 참된 성품은 하나님의 긍휼과 사랑을 내면화한 상태로써, 교회가 세상 가운데 존재하는 방식에 직접적인 영향을 미치게 된다. 또한 선교적 성품은 세상에서 예수 그리스도를 재현하는 통로가 되는 데 결정적인 요소로, 문화적, 사회적 영역 안에서 그리스도의 성품(사랑, 온유, 겸손, 정의, 자비, 인내 등)을 구현함으로써 세상에 대한 대안 공동체의 공적 증언(Public Witness)을 나타낸다.

따라서, 선교적 성품은 교회의 내재적 본질을 구성하며, 신학적 정체성, 공동체적 윤리, 그리고 선교적 실천을 통합하는 핵심 요소이다.

2) 선교적 성품은 세상에 공적 증언이다

선교적 성품은 개인의 내면적 경건이나 교회 안에서의 도덕적 태도만이 아니라, 교회와 성도가 세상에서 공적 신앙의 증거이며, 복음의 가시적 표현이다. 공적 증언은 하나님 나라를 성도들의 삶과 선교적 공동체를 통해 세상에 가시화하고, 지역사회와 이웃과의 관계에서 하나님 나라를 증언하는 것이다. 선교적 성품은 이러한 공적 증언의 핵심으로 다음과 같은 방식으로 나타난다.

첫째, 공적 영역에서 복음을 드러낸다. 선교적 성품은 공적 영역에서 성도의 정체성과 가치를 드러낸다. 즉, 세상은 교회의 언어적 복음보다,

---

17) 최동규, "성품 공동체로서의 선교적 교회," 「장신논단」 제48집 (2016): 324-326.

그리스도인들의 삶의 실존적 성품을 통해 복음을 판단한다. 성실과 정직, 자비와 인내, 겸손과 온유, 화평 등이 개인과 공동체를 통해 드러날 때, 세상은 복음의 본질을 맛본다.

둘째, 도덕적 위기 속에서 참된 교회를 드러낸다. 윤리적 신뢰 상실이라는 도전에 직면한 한국교회에 선교적 성품의 공적 증언은 신뢰를 회복하고 복음의 진정성을 회복하는 열쇠이다. 덕 윤리를 강조한 조나단 에드워즈는 하나님의 긍휼과 사랑에 뿌리내린 성도의 참된 성품이야말로 세상 앞에서 교회가 설 수 있는 진정한 능력이라고 하였다[18].

셋째, 문화 참여와 변혁의 도구이다. 선교적 성품은 사회 구조와 문화를 복음적으로 변혁하는 능동적 자산으로 성도들이 자신의 일상과 일터, 지역사회에서 복음의 도구로 정의, 평화, 생명, 화해, 돌봄 등의 하나님 나라의 질서를 구현할 수 있다.

3) 선교적 성품은 삶의 전 영역에서 통전적으로 나타난다

선교적 성품은 영혼 구원뿐 아니라, 개인의 삶과 사회 그리고 창조 세계를 회복하는 통전적 선교를 구현하며, 삶의 전 영역에서 복음의 일상화로 나타난다. 이러한 성육신적 신앙은 세상에서 예수 그리스도의 성품을 드러내어 교회의 존재적 가치를 풍성하게 한다. 그리고 선교적 성품은 성도들의 삶에서 성령의 열매를 풍성하게 한다. 성령의 열매는 성도들의 일상과 일터, 가정과 지역사회에서 전인격인 변화를 지향하며, 이는 삶의

---

18) 강성호, "선교적 교회를 위한 덕 윤리: 조나단 에드워즈의 참된 미덕의 본질을 중심으로," 「선교신학」 제73집 (2024): 19-23.

전 영역에서 하나님의 선교적 백성으로서 선교적 삶의 모습으로 나타난다. 즉, 직장에서의 화평과 인내, 가정에서의 사랑과 자비, 지역사회에서는 화평과 온유와 희락, SNS에서의 절제, 소비에서의 공의 등 일상에서 드러나는 선교적 성품이 된다. 그래서 성도들의 삶의 진정성, 성품의 일관성, 공동체적 윤리성이 복음의 내용과 일치하여 복음의 정체성이 선명해진다.

4) 현대사회의 도덕적 위기를 극복하는 대안이다.

오늘날 한국 사회는 정치, 경제, 교육, 종교를 비롯한 다양한 영역에서 도덕적 신뢰가 붕괴하였다. 특히 교회와 목회자의 사회적 신뢰도는 심각하여 기독교의 공공성 자체가 배타적으로 나타나고 있다. 이는 사회적 요인도 있지만, 성도들의 성품 결핍과 언행의 불일치, 즉 선포와 실천의 괴리 때문이다.

이런 상황에서 선교적 성품은 인격 수양의 차원을 넘어, 교회가 세상 속에서 신뢰를 회복하고, 사회적 변화를 주도할 수 있는 윤리적 대안이자 영적 자산을 회복해야 한다.

그런 면에서, 선교적 성품은 사회 회복의 원동력으로 사회의 공공성과 윤리적 회복을 주도할 수 있다. 교회가 선교적 성품으로 살아낼 때, 세상은 교회를 신뢰할 수 있는 대안으로 인정한다. 이런 점에서 교회는 사회 회복을 이끄는 모범 공동체가 된다.

그리고 선교적 성품의 회복은 개인에서 공동체로, 공동체에서 사회로 확산한다. 하나님의 성품에 참여하는 선교적 공동체는 이웃과 지역사회로 그 문화를 변혁시키는 능력이 있다. 이는 성령으로 가능하며, 교회가 세상 속에서 하나님의 긍휼과 거룩함을 드러내므로 나타난다. 특히, 선교적 성품은 성도들의 일상과 일터 그리고 지역사회에서 정치, 경제, 사회, 문화 등 다양한 영역에서 신뢰받는 영향력을 행할 수 있다.

04 선교적 성품 형성을 위한 실천 방안

하나님의 성품을 삶에서 드러내는 선교적 소그룹은 성령 안에서 형성된 인격과 덕을 세상 가운데 나타나는 선교 공동체이다. 그러나 이러한 성품은 자연적으로 형성되기보다 공동체적인 실천을 통해 훈련되고 양육되어야 한다. 따라서 선교적 성품을 형성하는 실천 방안은 다음과 같다.

첫째, 선교적 성품 형성의 주체는 성령이다. 성령의 열매는 개인 윤리 차원의 열매가 아니라 공동체 안에서, 그리고 세상 속에서 나타나는 복음의 실질적인 열매로 하나님의 성품을 닮은 변화된 삶의 결과이다. 이는 성령의 도우심 없이는 진정한 성품 변화는 불가능하다. 따라서 교회는 성령의 역사하심에 민감하게 반응하며, 말씀 묵상, 기도, 회개, 섬김, 덕을 세움 등 공동체적 나눔과 실천, 경건 훈련을 통합한 영성 훈련을 통해 성령과 동행하는 삶을 살도록 훈련과 환경을 조성해야 한다.

둘째, 선교적 소그룹을 통한 전인격적 훈련이다. 성품은 개인에서 시작되지만, 공동체 안에서 자라고 열매를 맺는다. 그래서 소그룹 사역은 삶의 성찰과 성품 형성, 실천적 삶의 나눔이 이루어지는 훈련 공간이 되어야 한다. 다시 말해, 성품은 공동체 안에서 겸손과 섬김, 희생, 비전, 감사, 기쁨의 훈련을 통해 자라기에 소그룹에서 '말씀-기도-삶의 적용-상호책임'을 통해 성장해야 한다. 선교적 소그룹은 작은 예수 공동체의 역할을 하며, 성도들이 그리스도의 한 몸 됨을 고백하며, 덕을 세움으로써 선교적 성품이 형성된다. 특히, 고전 12장에 바울이 그리스도의 몸에 속한 지체들이 서로의 필요를 인정하고, 비록 연약한 지체라도 그리스도의 몸으로 인정할 때 영적 성숙함을 얻을 수 있음을 말하고 있다(22-26). 이러한 삶의 방식은 성도들의 전인격적 성숙을 가져온다.

셋째, 선교적 성품은 일상에서 살아내는 그리스도인의 모습이다. 선교적 성품은 교회와 소그룹뿐 아니라, 자신의 일상과 일터, 가정, 지역사회, 문화 등에서 존재 방식으로 나타난다. 그래서 앤디 스탠리(Andy Stanley)는 성품이야말로 말보다 더 크게 말하는 것이며, 리더십의 핵심은 기술이 아니라 내면의 일관성과 신뢰라고 강조하였다[19]. 현대 사회에서 그리스도인이 신뢰를 얻는 방식은 말이 아니라 삶이며, 복음을 믿는다고 고백하는 이의 실제적 삶의 모습이 선교의 실질적인 설득력이 된다. 이러한 일상에서의 실천은 소박한 선행이나 도덕적 행동을 넘어서, 세상의 가치관과 충돌할 때도 하나님의 성품을 선택하고 실천하는 윤리적 용기와 공적 헌신을 필요로 한다. 특히 직장에서의 정직, 가정에서의 사랑, 사회 속 책임 있는 시민 등, 공공 영역에

---

19) 앤디 스탠리, 『성품은 말보다 더 크게 말한다』, 윤종석 역, (서울: 디모데, 2005)

서 선교적 성품이 구체화하는 가장 현실적 공간이다.

따라서 선교적 성품은 말로 전하는 복음을 넘어, 삶으로 복음을 살아내는 존재 방식이다. 이는 성령의 인도하심과 공동체적 훈련, 일상에서의 실천이라는 통합적 영역에서 구체화한다. 그러기에 선교적 소그룹에서 이러한 예수 그리스도를 닮은 성령의 열매를 사모하며, 상호훈련을 통해 열매를 맺을 수 있도록 해야 한다.

● 소그룹 나눔 ●

① 나의 삶에서 복음의 말과 행동(삶의 실천)이 일치하지 않는 부분이 있다면 무엇이며, 이 괴리를 줄이기 위해 어떤 실천이 필요한가?

② 성령의 열매 중 나의 일상과 일터, 가정, 지역사회에서 가장 부족한 열매는 무엇이며, 이를 훈련하고 변화시키기 위해 구체적인 실천 사항은 무엇인가?

③ 여러분 소그룹이 '성육신하신 작은 예수 공동체'가 되기 위해 현재 '말씀-기도-삶의 적용-상호책임'중 가장 취약한 부분은 무엇이며, 이 부분을 강화하기 위한 실천 방안은 무엇인가?

6장

선교적 공감

선교적 실천에 있어서 선교적 공감은 거창한 프로그램이 아니라, 오히려 이웃과 주변 사람들의 이야기에 귀 기울이며 그들과 관계를 맺는 과정에서 복음의 영향력을 가진다. 따라서 선교적 공감은 성도들의 선교적 실천을 위한 전략이 아니라, 그들의 일상으로 들어가는 살피고, 듣고, 느끼는 관계에서 시작한다. 이러한 관계 회복은 성도들이 이웃의 이야기를 공감함으로써 정서적 교감을 회복시키고, 궁극적으로 삼위일체 하나님의 선교가 그 안에서 드러난다. 그러므로 선교적 공감은 복음을 전달하는 기술적 수단이 아니라, 복음이 우리 일상과 일터, 이웃 안에 현존하는 능력 그 자체이다.

공감(empathy)은 다른 사람의 감정, 상황, 관점을 이해하고 반응하는 능력으로 그 사람의 감정 세계 안으로 들어가려는 의지이다. 이러한 개념의 공감은 19세기 말 독일 미학자 로버트 비셔(Robert Vischer)가 사용한 '미적 공감'을 의미하는 Einfühlung에서 유래하는데, 이 말은 문자 그대로 "안으로 들어가서 느낀다"라는 뜻으로, 타인의 세계에 머물며 그의 내면을 함께 체험하는 감각적 이해를 의미한다[20].

공감과 비슷한 단어로는 '동정(sympathy)'이 있지만 실제로는 다르다. 동정이 타인의 고통을 '멀리서 바라보는 감정적 반응'이라면, 공감은 그 고통의 현장 안으로 직접 들어가는 동참의 의미가 있다. 동정은 타인을 향한 '따뜻한 시선'에 머무르지만, 공감은 '그의 자리에서 세상을 보는 눈'을 열어 준다. 다시 말해, 남의 감정과 생각을 있는 그대로 느끼는 것이 공감이라면, 동정은 타인의 고통을 가엾게 여기는 외적 감정이다. 그래서 공감은 정서적 감정 이상으로 그 상황과 환경을 이해하는 게 중요하다. 그런 점에서 감정 중심의 공감은 주관적 판단으로 편향될 수 있기에 감정을 넘어 객관적이고 이성적 식별과 도덕적 성찰의 올바른 공감은 중요하다.

---

20) 신문궤, "공감의 학제적 담론에서 공감 신학의 실천으로," 「신학과 실천」 제52집 (2016): 827 - 846.

성경에 나타난 공감은 하나님의 존재 방식으로 하나님은 성부, 성자, 성령의 삼위일체의 관계적이시며, 서로 안에 거하며 서로를 위해 자신을 내어주는 페리코레시스(perichoresis), 곧 상호 내주하시며 공감적 사랑의 신적 순환 안에 계신다[21]. 따라서 공감은 단순한 감정이 아니라, 삼위일체 하나님의 존재 양식이다.

구약에서 하나님의 공감은 '불쌍히 여기는 하나님'(출 34:6)으로 자주 드러난다. 여기서 사용된 히브리어 라훔(רחם)은 창자 깊은 곳에서 일어나는 격렬한 감정적 울림을 뜻하는 것으로 하나님은 인간의 고통을 멀리서 바라보지 않으시고, 그 고통을 자기 내면 깊이 느끼시는 분이심을 의미한다[22]. 하나님은 인간의 불의와 죄악에는 진노하시지만, 동시에 그 죄인의 고통을 함께 짊어지시는 자비로우시며, 긍휼한 하나님이시다. 이러한 하나님의 공감은 감정적 반응이 아니라, 인간의 역사 속으로 자신을 내어주시는 존재론적 참여다.

신약에서 공감의 정점은 예수 그리스도의 성육신이다. "말씀이 육신이 되어 우리 가운데 거하심"(요 1:14)은, 신이신 예수께서 인간의 형태로 나타났다는 사실 이상의 의미가 있다. 이것은 곧 하나님께서 인간의 고통과 한계, 죽음과 상실의 현실 안으로 들어오셨다는 뜻이다. 예수의 성육신은

---

21) 페리 코레시스는 헬라어 περιχορησις로, 성부, 성자, 성령께서는 서로 내주하시며, 고유한 세 위격을 지니시면서도 하나 됨의 관계를 의미한다. 이 용어는 삼위일체 하나님의 상호 유기적이고 역동적인 관계를 설명하며, 서로 하나 됨을 뜻한다.
22) 테렌스 프레타임, 『구약에 나타난 하나님의 고통』, 조덕환 역 (서울: 시들지 않는 소망, 2024), 132.

하나님의 공감이 시간과 공간 속에 실체로 들어온 사건, 즉 하나님의 온전한 선교이다.

예수께서는 나병환자를 보시고 "불쌍히 여기사 손을 내밀어 그에게 대셨다"(막 1:41). 이 짧은 장면 안에는 선교적 공감의 본질이 담겨 있다. 그는 병자의 '부정함' 속으로 직접 들어가셨다. 공감은 이처럼 거리와 경계가 무너지고 타인의 고통에 참여하는 실질적인 동행이다. 이러한 예수님의 공감은 감정이 아니라, 선교적 실천으로써의 사랑이다.

이와 함께 성령은 예수 그리스도의 공감을 오늘의 교회 안에서 확장하시는 분이다. 성령은 우리와 동행하시며, 우리를 세상으로 인도하셔서 인간의 고통을 함께 탄식하시며(롬 8:26), 말할 수 없는 아픔을 하나님의 마음으로 드러내신다. 따라서 성령의 사역은 곧 하나님의 공감을 실제화하는 행위, 즉 성육신의 연속이다.

03 선교적 공감의 특징

선교적 공감은 그리스도인들이 자신의 일상과 일터나 주변에 있는 사람들과의 관계를 맺는 과정에서 중요한 역할을 한다. 이러한 공감은 실천적 삶에서 나타나는 데 선교적 공감의 특징은 다음과 같다.

1) 이웃의 세계로 들어가는 관점의 전환이다.

선교적 공감은 성도들의 일상과 일터, 이웃의 세계 안으로 능동적으로 들어가려는 의도적인 관점의 전환이다. 이런 공감은 이웃과 주변 사람의 마음을 여는 행동이지만, 그렇다고 해서 상대를 불쌍히 여기는 감정적 동화만을 의미하지 않는다. 오히려 그의 이야기와 아픔, 기쁨, 고민, 욕구, 그리고 그 배경을 총체적으로 이해하려는 능동적인 시도이다. 이런 공감을 통해 선교적 소그룹은 일차적으로 자기 성찰하고, 상호 이해를 증진하며, 나아가 하나님의 선교적 관점으로 이웃과 주변 사람을 바라보는 영적 전환으로 탈바꿈하게 된다. 따라서 관점의 전환은 자기중심적 신앙에서 자신의 일상과 일터, 이웃들의 세계로 들어가려는 선교적 소그룹의 공감적 노력이며, 예수 그리스도의 성육신적 실천을 따르는 순종이자 선교적 삶의 근간이 되는 태도이다.

2) 이웃의 고통에 참여하는 선교적 책임성을 가지고 있다.

선교적 공감은 이웃의 고통에 정서적 동조를 넘어, 선교적 책임까지 뒤따라야 한다. 그렇지 않고 소그룹에서 이웃의 상황을 듣고 감정적 동화에 머문다면, 그것은 형식적인 친밀감에 불과하다. 그래서 선교적 공감은 선교적 실천으로 이어져 하나님의 선교에 참여하는 선교적 통로로 작동되며, 이웃의 고통을 위로하는 지지에서부터 경제적, 정서적 어려움을 겪는 이들을 위한 실질적인 섬김과 관심, 지원에 이르기까지 다양한 형태로 나타난다. 나아가 지역사회의 취약한 이웃을 위해 기도하며 참여하는 활동도 선교적 공감에 의한 실질적 실천이다.

따라서 선교적 공감은 일상과 일터에서 만나는 사람들이나 이웃들 가운데 역사하시는 하나님의 선교에 능동적으로 동참하는 실천적 원동력이라 할 수 있다. 이러한 관점에서 선교적 공감은 어려움에 처한 이웃의 친구가 되려는 의지이자, 그들에게 그리스도의 사랑을 실천하려는 신앙이다. 이러한 공감이 구체적인 실천으로 확장될 때, 선교적 소그룹은 세상 속에서 하나님 나라를 구현하는 선교 현장이 된다. 따라서 선교적 공감의 본질은 일상과 일터에서 만나는 사람들이나 이웃 안에 일하시는 하나님의 선교에 능동적으로 참여하는 실천적 삶이라 할 수 있다.

3) 하나님의 공감에 참여하는 삶의 실천이다.

선교적 공감의 근원은 인간이 아니라, 하나님 자신이다. 하나님의 공감은 성경 전체에 흐르는 핵심적인 원리로써, 하나님은 인간의 고통을 멀리서 관조하시는 분이 아니라, 그 고통 안으로 들어오셨다. 이러한 공감이 예수 그리스도의 성육신으로 나타나 인간의 삶과 고통에 '함께' 하셨다.

따라서 선교적 공감은 성육신적 관점에서 이웃을 이해하고 그 고통에 참여하려는 실천적 행위이다. 이는 하나님이 세상을 보시는 시선에 동참하는 영적 과정과 상응하는데, 몰트만(Jürgen Moltmann)은 하나님은 고통받는 자들과 함께 고통받으시는 분이며, 교회는 이러한 하나님의 성품을 세상 가운데 드러내기 위해 존재한다고 하였다[23]. 교회가 이웃의 고통에 무감각하다면, 이는 곧 하나님의 성품을 반영하지 않은 것이다. 이러한 맥락에서 선교적 공감은 선교적 소그룹이 세상 밖에서 관조하지 않고, 세상 안으로 들어가야 함을 의미한다. 하나님께서 인간의 연약함에 애통하셨

---

23) 위르겐 몰트만, 『십자가에 달리신 하나님』, 김균진 역 (서울: 한국신학연구소, 1989), 283-290.

던 것처럼, 교회도 이웃의 아픔을 외면하지 않아야 한다. 그래서 선교적 소그룹은 선교적 공감을 통해 하나님의 성품을 드러내는 성육신적 공동체가 되어야 한다.

4) 관계 중심적 공감이다.

선교적 공감은 고립된 개인의 내면적 작용이 아닌, 인격적 관계 형성을 통해 두 인격체가 상호 인식하고 관계를 구축하는 방식이다. 이러한 관계 중심적 공감은 선교적 소그룹 내에서 신뢰와 친밀성을 촉진하며 영적 변화를 유발하는 기제로 작용한다. 이를 위해 소그룹에 참여하는 성도들은 일차적으로 상호의 삶에 주의 깊게 경청하고, 감정과 상황을 공감하며, 비판이나 조언보다는 이해를 우선하는 태도를 통해 공감의 영향력을 확장해야 한다. 이러한 관계적 공감은 개인의 치유와 성장에 이바지할 뿐만 아니라, 선교적 소그룹이 신앙을 바탕으로 세상에 참여하는 선교적 역동으로 발전한다. 따라서 공감적 관계는 선교적 소그룹이 세상 속에서 하나님의 사랑을 발현하는 공동체적 매개체로서 핵심적인 역할을 한다.

04 선교적 공감의 조건

선교적 공감하기 위해서는 여러 가지 갖추어야 할 조건이 있다. 첫째는 선교적 공감은 자기 부인에서 비롯된다. 예수께서 자기를 비워 종의 형체로 성육신하신 것처럼 선교적 소그룹의 성도들은 자신 경험, 신념을 내세

우지 않고, 다른 사람의 상황과 관점 안에 들어가는 자기 비움이 있어야 한다. 보쉬는 선교사는 자신을 주장하는 자가 아니라, 하나님 미지의 뜻에 자신을 내맡기는 자라고 하며, 자기 비움 없이 참된 선교는 존재할 수 없다고 하였다[24]. 보쉬가 이렇게 말하는 것은 선교사는 해외에 파송된 선교 훈련을 받은 사람만이 아니라, 하나님의 선교적 백성인 성도 모두가 선교사로 여겼기 때문이다. 이런 점에서 선교적 소그룹의 성도들은 자신이 일상과 일터에서 선교사로서 자기 비움의 성육신적 신앙이 있어야 한다.

둘째는 겸손한 학습 태도를 보여야 한다. 선교적 공감은 '가르침'보다 '경청과 배움'을 통해 이루어진다. 바울이 아레오바고에서 먼저 그들의 종교적 문화를 살핀 본 후에 "아덴 사람들아 너희를 보니 범사에 종교심이 많도다. 내가 두루 다니며 너희가 위하는 것들을 보다가 알지 못하고 섬기는 그것을 내가 너희에게 알게 하리라"(행 17:22-23)라고 했듯이, 선교적 소그룹의 성도들은 자기 생각을 말하기 전에 먼저 듣고 이해하는 겸손한 자세가 있어야 한다. 누구에게나 배울 수 있다는 마음가짐을 가진 사람에게 사람들은 열린 마음으로 다가온다.

셋째는 문화적 감수성을 지녀야 한다. 선교적 공감은 단순한 감정이나 상황의 이해가 아니라, 상대방의 언어, 관습, 정서, 세계관을 유연한 자세로 임하는 것이다. 이는 타문화 밖에서 이해가 아니라, 타문화 안에서 하나님의 형상을 발견하려는 신앙적 태도이다. 오늘날 한국교회의 전도가

---

24) 데이비드 보쉬, 『길 위의 영성』, 김동화·이길표 공역, 79-83.

외면당하는 건 상대방의 상황과 감정에는 관심이 없이 자기 관점에서 복음을 전하기 때문이다. 복음은 겸손과 낮은 자를 통해 흘러간다. 상대방의 눈높이에 맞는 공감과 감수성이야말로 복음을 풍성하게 한다.

넷째는 분별력을 갖추어야 한다. 선교적 공감은 감정적 몰입이 아니라, 성령의 인도하심 안에서 상대방을 바라보는 영적, 상황적 분별력이 있어야 한다. 바울이 "범사에 헤아려 좋은 것을 취하라"(살전 5:21)고 말하듯이 선교적 공감도 진리 안에서 분별할 수 있어야 한다. 특히 바울의 선교적 통찰력은 이러한 분별력에서 비롯되었다. 성령에 민감하며, 성령께서 인도하심에 따라 상대방에게 다가갈 때 이들 사이에 이루어지는 대화는 성령께서 이끌어 가신다.

다섯째는 관계 지속성이 있어야 한다. 공감은 일회성 행위가 아니라, 신뢰를 통한 지속성이 중요하다. 제자들은 예수와 함께하면서 많은 무지와 실패 그리고 회복을 반복했다. 그런데도 예수께서는 제자들의 눈높이를 맞추며, 그들의 시선과 행동이 성장하도록 기다려 주셨다. 이러하듯 공감은 기다림과 관계성에서 발전된다. 선교적 공감도 타자의 변화를 요구하기보다 관계 자체에 지속성을 가지고 인내의 실천을 요구한다.

이처럼, 선교적 공감은 성육신하신 예수 그리스도처럼, 일상이나 일터, 지역사회에서 겸손하고 열린 마음으로 하나님의 긍휼을 담아 대상을 이해하려는 실천적 태도를 의미한다. 이러한 관점에서 볼 때, 선교적 소그룹의 성도들에게 선교적 공감대를 형성하는 것은 하나님의 선교적 백성으로서 요구되는 바람직한 자세라고 할 수 있다.

① 여러분 소그룹은 지역사회나 이웃의 고통에 '멀리서 바라보는 동정적 태도'에 머무르는가, 아니면 '고통의 현장으로 들어가 공감하는 실천적 행위'를 구현하고 있는가? 있다면, 무엇이 있는가?

② 선교적 공감을 위한 '자기 비움'과 '겸손한 경청'의 태도를 어떻게 실천하는가? 나아가, 소그룹에서 선교적 공감을 얻기 위한 체계적인 훈련은 무엇인가?

③ 여러분 소그룹은 단기적인 관계보다 신뢰와 인내를 기반으로 한 '지속 가능한 공감'을 지향하는가? 그렇지 않다면, 어떻게 지속 가능한 공감을 이룰 수 있는가?

7장

선교적 여정

선교적 소그룹이 추구하는 선교적 여정(Missional Journey)은 하나님의 나라 백성으로 부름받은 교회 공동체가 이미 역사하고 계신 하나님의 선교에 참여하는 '신앙의 여정'을 의미한다. 모든 성도는 하나님의 자녀이자 백성으로서 각자의 여정을 수행하지만, 자기중심적인 삶이 아니라 하나님과의 동행하는 삶이어야 한다. 하나님의 나라에 참여와 하나님의 선교에 참여는 본질적으로 선교적 성격을 지닌다. 따라서 이러한 선교적 여정을 구체적으로 어떻게 실현할 것인지에 대한 이해는 매우 중요한 과제이다.

선교적 여정은 교회(선교적 소그룹, 성도 포함)가 세상을 창조하시고, 운영하시는 삼위일체 하나님의 선교에 응답하여, 세상에서 복음으로 살아가는 전인격적 삶의 여정이다. 이 개념은 교회와 소그룹 그리고 성도가 일상과 일터에서 선교활동이나 프로그램이 아닌, 복음의 목적과 정체성, 공동체적 삶을 통해 세상을 회복하시는 삼위일체 하나님의 선교에 참여하는 실천적인 삶이라 할 수 있다.

그런 점에서 선교적 여정은 자신이 인생의 주체가 되는 일반적인 여정과 달리 성령에 의해 선교적 공동체인 소그룹에서 말씀과 기도, 경청, 분별, 덕을 세우며 나아가 세상에서 삼위일체 하나님의 선교에 참여하여 그 뜻에 순종하는 일상에서의 신앙생활, 즉, 신앙 여정이다. 이러한 선교적 여정은 일부 선택받은 자에게만 해당하는 게 아니라, 모든 그리스도인이 동참하는 성도의 목적이자 정체성이다.

그래서 선교적 여정은 성도들이 일상과 일터, 가정, 그리고 사회 등 삶의 모든 영역에서 하나님의 통치를 증언하는 실천적 여정이다. 따라서 교회는 단순히 예배와 교육을 제공하는 기관의 역할을 넘어, 성도들의 삶을 변화시키는 공동체의 책임을 다해야 한다. 이는 선교적 실천이 개인적 차원을 넘어 공동체적 차원에서 이루어지기에 교회가 세상 속으로 파송된 선교적 공동체성을 본질적으로 견지하는 것은 당연하다. 이러한 인식으로 성도는 하나님의 선교적 백성으로서 자신의 소명을 명확히 알고, 삶 전반에서 선교적 제자도를 실현하는 여정에 기꺼이 헌신하게 된다.

그러나 선교적 여정은 단순한 과정이 아니다. 이는 삼위일체 하나님의 선교가 특정한 지침서나 매뉴얼을 제시하지 않기 때문이다. 이 여정은 오직 하나님과의 관계, 개인의 내적 성찰, 그리고 공동체 안에서의 경험을 통해서만 그 길을 발견할 수 있다. 따라서 선교적 여정은 시행착오의 학습 과정을 동반한다. 반복적인 시도, 실패, 되짚어 보기, 조정, 그리고 재시도의 순환적 과정을 통해 성령의 인도하심에 따라 자신만의 선교적 여정을 탐색하게 된다. 특히 이러한 시행착오는 공동체인 선교적 소그룹 안에서의 분별과 성찰을 통해 명확해지며, 이를 통해 성령 하나님의 이끄심을 비로소 알게 된다. 이러한 관점에서 선교적 여정의 핵심 거점은 언제나 머리이신 예수 그리스도께서 이끄시는 선교적 소그룹이어야 한다.

02) 선교적 여정의 핵심 요소

마이클 프로스트와 알랜 락스버그는 선교학자이면서 실행가이다. 이들은 선교적 여정을 위해 "공동체를 움직이라, 이웃과 협력하라. 하나님의 평화를 선포하라. 평화의 사람들을 확인하라. 공동체의 사회적 리듬에 적극적으로 참여하라. 병든 자를 치유하라. 하나님의 우주적 통치를 선포하라.[25]" 라고 했는데, 이러한 것들이 선교적 여정의 핵심 요소이기 때문이다. 이러한 핵심 요소는 선교적 여정의 최종 목적을 향한 선언이요, 근거

---

25) 마이클 프로스트, 『성육신적 교회』, 최형근 역 (서울: 새물결플러스, 2016), 288-292.

로 작용한다. 선교적 소그룹이나 성도가 선교적 실천을 위해서 다음과 같은 요소가 있어야 한다.

1) 경청

　삼위일체 하나님의 선교는 하나님 자신이 주체이기에 교회나 소그룹이 주도해서는 안 된다. 만일 우리의 생각과 철학, 신념이 주체가 되는 순간, 그때부터 선교적 실천이 아니라, 인간의 인위적 작품이 된다. 우리의 여정이 하나님이 이끄시는 선교적 여정이 되기 위해 그분의 뜻을 알아야 하고, 그분이 일하시는 일상과 일터 그리고 지역사회에서 하나님의 일하심을 볼 수 있어야 한다. 그래서 선교적 여정에는 하나님의 음성에 귀를 기울이며, 이웃의 음성을 듣는 경청이 중요하다.

　성경은 살아 역사하시는 하나님의 말씀임에도 우리는 과거의 경전으로 이해하는 오류를 범할 때가 있다. 하나님이 '아브라함의 하나님', '이삭의 하나님', '야곱의 하나님'이듯, 하나님은 과거에 머물거나 정체(停滯)하지 않고, 현재에도 미래에도 여전히 여호와 하나님으로 역사하신다. 그래서 성경을 통해 하나님의 음성을 듣는 게 중요하다. 역사적 사건을 통해 일하셨던 하나님, 그 하나님은 지금도 여전히 일하신다는 사실과 우리에게 성경이 주어진 것은 하나님의 말씀을 듣기 위함이다. 선교적 여정은 지금, 이 시점에 역사하시는 하나님의 일하심과 미래에 펼쳐질 하나님 계획에 참여하는 것으로 경청은 현재 상황에서 하나님의 일하심을 발견하는 과정에서 일어난다. 이것이 선교적 경청이 필요한 이유이다. 물론 하나님의 음성은 성경과 그 원리에서 벗어날 수 없다. 그러기에 선교적 소그룹

2부. 선교적 소그룹의 주요 요소

에서 구성원들은 '아브라함의 하나님', '이삭의 하나님', '야곱의 하나님'을 오늘날 자신의 자리에서 발견하는 것이 중요하다. 하나님의 음성을 듣는 경청은 이러한 하나님의 일하심의 현장에 우리를 데려갈 것이다. 이러한 경청은 혼자서도 가능하지만, 선교적 소그룹에서 더 명확해진다. 머리 이신 예수 그리스도께서 유기적으로 이끌어가시기 때문이다. 선교적 여정에 참여하는 성도들은 하나님의 일하심과 예수 그리스도의 임재를 세상에 구현하기 위해서 그분과 함께하고, 그분의 뜻에 어떻게 참여할 것인가를 공동체가 함께 하나님의 음성을 분별함으로 발견한다. 이것이 선교적 소그룹의 출발점이자 여정에 올바른 지표이다.

소그룹에서 하나님의 음성을 듣는 방법은 여러 가지가 있는데 선교적 영성에서 언급했던 렉시오 디비나(*Lectio Dvina*)가 있다. 렉시오 디비나는 '신성한 독서', '거룩한 독서'에 해당하는 라틴어로서, 하나님과 소통하여 영적 통찰력을 얻으려는 기도와 성경 읽기 방법으로, 베네딕도 수도원에서 시작된 영적 성경 읽기로 오늘날에도 영성 훈련으로도 활용되는데, 주로 말씀을 천천히, 소리 내어 내용을 파악하면서 '읽기'인 렉시오(*Lectio*)와 읽은 말씀을 나에게 비추며 의미를 묵상하는 메디타치오(*Meditatio*), 그리고 말씀을 통해 느낀 바를 하나님과 진솔하게 기도로 대화하는 오라치오(*Oratio*), 모든 활동을 멈추고 하나님의 현존 안에 머무는 컨템플라치오(*Contemplatio*)으로 구성되었다. 렉시오 디비나를 선교적 소그룹에서 현대적으로 활용할 수 있는데, 방법은 다음과 같다.

첫째, 선교적 소그룹에 참여하는 성도들에게는 공동체성의 확립이 전제되어야 한다. 소그룹에 속한 지체들의 하나 됨은 공동체의 본질이자 정체성이며, 이는 하나님의 음성을 들을 수 있는 환경, 즉, 기본적인 전제조건이다. 바울은 소그룹 공동체를 그리스도의 몸이며, 이들은 "각 마디를 통하여 도움을 받음으로 연결되고 결합되었다"(엡 4:16)라고 하였다. 이러한 관점에서 성도들은 그리스도 안에서 한 몸을 이루는 것이 자연스러운 귀결이다. 만약 이러한 공동체성이 결여될 경우, 공동체 내에서 하나님의 음성을 듣기란 쉽지 않다.

둘째, 소그룹에서 주어진 본문을 4회 읽는데, 3회는 소리 내어 읽고, 나머지 1회는 침묵하며 읽는다. 그런 후에 묵상을 통해 읽은 말씀 중에 특별히 와닿는 단어나 문장 혹은 새롭게 발견한 부분을 기록한다.

셋째, 발견한 말씀의 의미를 성도들과 나눈다. 이때 다른 성도들은 깊이 경청한다.

넷째, 서로 나눈 이야기를 함께 대화하고 분별하며, 하나님의 말씀을 되새긴다.

이러한 방법은 획일적으로 진행하지 않는다. 성경을 통한 하나님의 음성 듣기는 유기적이며 활동성을 가지고 있기 때문이다. 또한 한 번 만에 하나님의 음성을 듣기보다 여러 번 반복하며, 성찰과 조정 그리고 분별, 적용 과정을 통해 분명해진다. 이러한 과정을 통해 선교적 소그룹에 참여하는 성도는 함께 하나님의 음성을 듣고, 그분의 뜻에 순종하기에 성령이 인도하시는 선교적 여정에 없어서는 안 되는 핵심 요소이다.

렉시오 디비나 외에도 다양한 영적 훈련 방식이 존재하며, 그중에서 큐티(QT)를 들 수 있다. 큐티는 'Quiet Time'이라는 용어에서 알 수 있듯이, 정해진 조용한 시간과 장소에서 성경 말씀을 통해 하나님의 뜻을 발견하고, 그 말씀에 순종하는 하나님과의 영적 교제의 시간이다. 그런 점에서 큐티는 단순한 성경 지식 습득이 목적이 아니라, 말씀을 통해 하나님의 음성을 경청하는 목적이 있다.

또 다른 경청은 이웃을 통한 경청이다. 이것은 세상에서 일하시는 하나님의 일하심을 이웃과 지역사회 그리고 우리의 일상에서 발견하는 방법이다. 일상에서 이웃의 삶을 알고, 그들의 삶은 무엇으로 형성되었는지 발견하는 것은 선교적 여정에 중요한 요소이다. 예수께서는 사마리아 여인의 이야기를 들으며 그녀의 문제와 영적 갈망을 보셨다(요 4:7-26). 이는 이웃과의 경청을 통해 사랑과 공감을 실천할 것을 권면하신 말씀이다. 선교적 실천은 우리의 의지와 생각, 판단이 아니라, 그들의 필요를 경청하고, 그들 안에서 실천되어야 한다.

우리는 우리의 관점과 목적으로 이웃을 판단하고 일방적으로 복음을 전하는 실수를 범할 때가 있다. 그들의 관심과 동떨어진 십자가의 복음은 그들과 상관없는 우리만의 리그로 끝날 수 있다. 그러나 예수께서는 일방적으로 복음을 전하지 않으셨다. 복음을 전하기 전에 먼저 그들의 문제와 관심을 가지셨다. 병든 자를 치유하셨고, 목마른 자에게 생수를, 굶주린 자에게 먹을 것을 주셨다. 그들의 필요를 채워주신 후에 복음을 제공하셨다. 하지만, 오늘날 교회는 이웃의 필요에 귀를 기울이지 않고, 우리의 목적을 먼저 행하거나 그들의 필요를 추측하거나 섣부르게 판단하여 복음 팔이를 행하는 오류를 범한다.

이웃을 통한 경청은 여러 가지가 있지만, 대표적으로 교회 주변이나 선교적 소그룹의 성도들의 거주지를 중심으로 동네를 거닐며, 그곳에 사는 사람들의 일상에서 앞서서 일하시는 하나님의 일하심을 발견하는 것과 성도들의 일상과 일터에서 일하시는 하나님의 계획과 뜻을 발견하고 참여하는 시간이다. 즉, 이웃과 지역사회 그리고 직장이나 일터에서 일어나는 다양한 사건, 현상, 일, 관계, 상황을 허투루 보지 않고, 그곳에서 하나님의 음성과 계획 그리고 하나님의 선교적 목적을 발견하는 시간이다.

2) 분별

하나님의 뜻을 분별하는 과정은 다양하고 복잡하지만, 선교적 여정에서 하나님의 계획을 인지하는 데 있어 중요한 기준점이 된다. 이러한 분별을 통해 선교적 주체는 하나님의 인도하심을 인식하고, 영적 통찰력을 근거로 선교적 결정을 내림으로써 하나님의 뜻을 깊이 있게 이해할 수 있다. 실례로, 사도 바울이 아시아 지역으로의 선교를 소망했음에도 불구하고 예수의 영이 이를 허락하지 않았을 때, 그는 마게도냐로 부름을 받는 환상을 경험하였다(행 16:6-10). 이러한 사건은 바울 일행이 하나님의 뜻에 따라 사역의 방향을 전환하는 중요한 분별력을 발휘했음을 보여준다. 강준민은 분별에 대해 다음과 같이 말한다.

> 분별력은 곧 통찰력이다. 통찰력은 모든 문제의 근원을 살
> 피는 것이다. 통찰력은 본질과 핵심을 간파하는 것이다. 더
> 욱 중요한 것은 통찰력을 통해 일어나고 있는 사건들의 관

계를 살펴본다. 나우웬은 그의 책 '분별력'(Discernment: Reading the Signs of Daily Life)*에서 영적 통찰 훈련에 대해 다음과 같이 기록하고 있다. 우리는 영적 통찰 훈련함으로써, 일어나는 일들 사이의 신비한 상호 연계성을 더 분명하게 보고 더 깊이 듣게 된다. 사막 교부들은 이것을 '테오리아 피지케'*(theoria physike)*라고 불렀는데 이는 이런저런 일이 어떻게 연결되는지 꿰뚫는 통찰력을 가리킨다. 분별은 겉으로 드러난 현상을 보고서 현상 너머에 있는 더 깊은 의미를 '간파'하는 것이다[26].*

분별은 모든 전개를 통합적으로 상호 연계성의 관점으로 통찰해야 한다. 그런 점에서 분별은 영적 영역으로만 생각할 것이 아니라, 전인적으로 이해해야 한다. 락스버그도 선교적 실천 과정에 나타나는 다양한 현상과 상황에서 분별은 하나님의 일하심을 확인하는 과정으로 이해했다.

분별은 교회가 두려울 수도, 식상할 수도 있는 엄청나게 부담스러운 단어다. 분별은 참으로 하나님을 우리의 대화와 행동의 중심으로 다시 모셔 오는 일에 관한 것이다. 이는 교회가 그들의 동네 가운데 계시는 하나님과 동행할 구체적인 길들을 확인할 능력을 개발하는 실천이다. 분별은 동네

---

26) 강준민 외, 『포스트 코로나 시대와 교회의 미래』 (서울: 동연, 2020), 288.

를 분석한 다음 그와 연관된 몇 가지 필요를 어떻게 채워줄 수 있을지를 결정하는 것과는 다르다. 그러한 조사와 대처가 잘못된 것도, 다른 사람들을 돕는 것이 기독교적 행동으로서 부적절한 것도 아니다. 분별은 그저 당신이 속한 동네를 다른 방식으로 바라보고 함께하는 것이다. 첫째. 분별은 하나님이 이미 동네 가운데서 활동하고 계신다고 전제한다. 둘째, 분별은 우리 귀로 듣고 우리 눈으로 봄으로써 하나님이 어디에서 일하시는가에 대한 실마리를 얻을 수 있다고 전제한다. 셋째, 분별은 성령께서 일하실 수 있는 자리와 사람을 보고 놀라며 기꺼이 받아들이는 자세에 달려 있다. 넷째, 분별은 평가를 위한 사전 전략 없이 현장에 임할 것을 요구한다. 분별은 성령이 이미 우리보다 앞서 계신다는 확신을 실천에 옮기는 방식이다[27].

이러한 분별에는 정해진 공식은 없지만, 락스버그는 선교적 소그룹에서 다음과 같은 순간과 활동에서 일어난다고 하였다. 첫째는 서로의 이야기를 경청할 때, 둘째는 함께 기도할 때, 셋째는 말씀 가운데 거할 때, 넷째는 함께 침묵할 때, 다섯째는 함께 예배할 때이다[28]. 이러한 과정을 통한 분별은 선교적 소그룹에서 전인적 관계를 통해 구체적으로 나타남을 알 수 있는데, 성도가 자신의 선교적 여정에 기꺼이 참여하였을 때 더욱

---

27) 알랜 락스버그, 『교회 너머의 교회』, 김재영 역, (서울: 한국기독학생회, 2018), 141-142.
28) 위의 글, 145.

선명하다. 그래서 선교적 여정에서 분별은 하나님의 일하심에 참여하는 실천적 과정에서 나타나는 중요한 요소이다. 사람들은 낯선 환경이나 낯선 사람을 만났을 때 두렵고 당황스럽다. 하지만, 선교적 소그룹에서 성도들과 함께 기도하며, 대화하고, 경청을 통해 하나님의 일하심을 분별할 때 비로소 자신의 선교적 여정을 이룰 수 있다.

3) 이웃 안에 거하기

우리는 지역주민으로 이웃과 함께 살지만, 삶의 연관이나 관계성에서는 이웃과 동떨어져 있는 게 현실이다. '이웃사촌'이라는 말이 무색할 정도로 동네 사정에 무관심하고, 엘리베이터에 만나는 사람들과 눈 맞추기를 꺼릴 정도로 지역주민을 이웃으로 여기지 않는 경향이 있다. 그만큼 도시화 되었다는 증거이다.

그러나 선교적 여정을 실천할 때 이웃은 중요한 개념이다. 이웃은 서로 인접에 사는 사람, 집 혹은 가까이 있어 경계가 서로 접한 관계이다. 한때 교회를 구역 중심으로 소그룹을 편성한 적이 있는데 이는 교회의 조직을 지역, 구역별로 나누었기 때문이다. 다시 말해, 교회는 지역을 중심으로 세워진 지역교회이었다. 그러나 지금은 지역 중심의 교회보다 신도시 개발과 젊은 세대의 탈서울 현상으로 탈지역교회가 많아지는 추세이다. 이에 따라 이웃의 개념도 달라졌다. 지리적 이웃도 있지만, 성도들의 일상과 일터에서 만나는 기능적 이웃도 존재한다. 즉, 이웃사촌이 물리적 거리보다 친밀감과 상호부조를 바탕으로 한 관계에서의 이웃이다. 이러한 현상은 경제활동이나 신도시 등 복잡한 구조로 얽혀 있는 도시에서 더욱 그렇다. 그래서 이웃의 개념은 통합적 개념으로 지역과 탈 지역적 모두를 포함한 서로의 삶에 정서적, 기능적 밀접성을 가진 현대적 이웃으로 이해해야 하는데, 이는 하나님의 일하심에 참여하기 위해서라도 중요한 개념 정리이다. 이러한 상황에서 지역 혹은 탈지역 안에 거하며 그들의 삶을 듣는 경청은 필수적이다. 우리가 거하는 그곳에는 이미 삼위일체 하나님의 선교가 이루어지고 있기 때문이다.

그런 점에서 이웃 안에 거함(dwelling)은 선교적 여정을 이끌어가는 핵심적인 요소이다. 성도는 교회 안이 아닌, 세상 밖으로 나가 그리스도인으로 빛과 소금으로 살아야 한다(마 5:13-16). 이는 교회 안에서 실천뿐 아니라, 자기 삶의 현장 즉, 일터나 동네, 지역사회에서 이웃과 함께 생활하는 공간으로 스며들어 가는 참된 그리스도인의 전형적인 모습이다.

> 만군의 여호와 이스라엘의 하나님께서 예루살렘에서 바벨론으로 사로잡혀가게 한 모든 포로에게 이와 같이 말씀하시니라. 너희는 집을 짓고 거기에 살며 텃밭을 만들고 그 열매를 먹으라. 아내를 맞이하여 자녀를 낳으며 너희 아들이 아내를 맞이하며 너희 딸이 남편을 맞아 그들로 자녀를 낳게 하여 너희가 거기에서 번성하고 줄어들지 아니하게 하라. 너희는 내가 사로 잡혀 가게 한 그 성읍의 평안을 구하고 그를 위하여 여호와께 기도하라 이는 그 성읍이 평안함으로 너희도 평안할 것 임이라. (렘 29:4-7)

바벨론 포로가 된 유대인들은 예루살렘으로 돌아가기를 염원했지만, 하나님은 그곳에 머물며 평화의 사람이 되라셨다. 그곳이 그들이 살 곳(dwelling)이라는 의미이다. 선교적 여정은 혼란스러운 상황이 연속적으로 일어나는 바깥세상에서 그리스도인으로 사는 삶의 과정이다. 이러한 상황을 알렌 허쉬(Alan Hirsch)는 인류학자 빅터 터너(Victor Turner)의 이론을 근거로 공동체적 변혁의 역동성을 경계성(liminality)과 커뮤니타스(Communitas)로 설명하였다[29]. 이는 하나의 변화과정에서 '분리'(Separation), '경계'(Liminal), '통합'(Aggregation)의 세 단계로 이루어지는데, 두 번째 단계인 '경계'는 기존 사회질서에서 벗어나 규범이 일시적으로 해체되고, 신분, 지위, 역할의 구분이 사라진 상태를 말한다. 예를 들면, 청소년은 아직 성인도 아니고, 더 이상 아동도 아닌 상태에 머무는 기간이 경계성의 예이다. 커뮤니타스는 경계기(liminal phase)에서 나타나는 자발적이고 평등한 공동체적 연대감을 가리키는 용어로 이는 community(공동체)와 다르며, 제도화되지 않은 순수한 관계적 결속의 상태를 뜻한다. 즉, 사회적 지위나 역할이 사라진 경계적 상황 속에서, 개인들이 서로를 동등한 존재로 인식하며 형성하는 깊은 유대감과 연합이 커뮤니타스이다.

'이웃 안에 거하기'에서 커뮤니타스는 단순한 사회적 연대나 협력을 넘어, 의도적으로 교회가 세상으로 들어가 이웃과 함께 살며 하나님의 사랑을 나누는 삶으로 나타난다. 이는 종교나 제도적 구조나 역할을 넘는 수평적 관계에서 형성되며, 이웃을 하나님의 형상을 지닌 동등한 존재로 보

---

29) 앨런 허쉬, 『잊혀진 교회의 길』, 오찬규 역 (서울: 아르카, 2020), 278.

게 한다. 따라서 '이웃 안에 거한다'는 것은 신자나 비신자의 관계가 아니라, 함께 나누고 섬기며 변화하는 상호 인격적 동행자가 되는 것이다.

교회와 성도는 교인들끼리의 공동체에서 익숙한 자기들끼리 결속하는 습성을 벗어나는 곳이 커뮤니타스 즉, 이웃과 함께 거하는 공간이다. 포로로 잡힌 유대인들은 미지의 땅인 바벨론에서 담으로 막힌 경계의 현장에서 나와 그들과 이웃 공동체로 살아가듯 선교적 여정은 낯선 환경에서 이웃과 지역사회에서 커뮤니타스를 만들어야 한다. 그곳이 선교적 여정이 형성되는 거주지가 되어야 한다. 그러기에 이웃 안에 거함은 자기중심에서 벗어나 타자의 세계에 들어가 그곳에서 하나님의 임재를 발견하는 영적 여정이다. 교회와 성도가 이웃 안에 거할 때, 교회는 세상과 구분된 닫힌 울타리가 아니라, 하나님 사랑이 흘러가는 열린 공간, 곧 성령이 창조하시는 살아 있는 연합체로 존재하게 된다.

선교적 소그룹은 하나님 나라의 혁신을 일으키는 사회의 구성원으로 사회 모든 단계에서 다양한 사람들과 협력하며 살아야 한다. 이런 '거함'의 삶은 교회와 세상에 관해 이원론적 사고를 경계해야 한다. 성도들은 세상과 구별된 삶이 있어야 하지만, 그들과 분리되어 마치 이들을 쇼케이스 안에 갇힌 사람처럼 보거나, 동떨어진 관계가 되어서는 안 된다.

선교적 여정에서 구분(區分, division)과 구별(區別, distinction)은 중요한 개념이다. 국립국어원에 따르면, 구분은 가시적이고 물리적인 차원에서의 분리 또는 나눔으로 특정한 기준에 따라 대상을 나누는 데 초점을 두지만, 구별은 관념적이고 추상적인 차이를 인식하는 것으로 차이점을 식별하고 인지한다. 예를 들면, 구분은 명확한 기준으로 흡연석과 금연석을 나누는 것이지만, 구별은 국내산 쇠고기와 수입 쇠고기를 판별 혹은 분간하는 것이다. 즉, 구분은 기준에 의한 '분할'(나누기)이라면, 구별은 차이에 의한 '판별하기'라 할 수 있다. 이러한 개념적 차이는 성도가 세상에서 그리스도인으로서의 정체성을 어떻게 유지할 것인가에 대한 중요한 근거이다.

성도가 세상에서 그리스도인으로서의 정체성을 유지하기 위해서는 구별된 삶을 살아야 한다. 성도와 세상 문화권의 사람들은 생활방식, 목적, 세계관 등에서 차별성이 있어야 하며, 이는 그리스도인의 독특한 정체성을 반영한다. 그러나 이러한 차별성이 곧 구분으로 이어져서는 안 된다. 그리스도인은 세상 사람들과의 관계를 단절하고 이원론적 사고에 갇혀서는 안 되며, 오히려 그들과 함께하며 하나님 나라를 증거해야 할 사명이 있다.

다시 말해, 성도는 세상에서 참된 그리스도인으로 살면서도, 세상과의 소통과 관계를 지속하며 유지하는 균형이 있어야 한다. 이것은 세상과의 관계에서 그리스도의 사역을 실천하는 능동적인 자세를 요구한다. 따라서, 선교적 소그룹은 이러한 이원론적 사고의 함정을 피하고, 좀 더 통합된 시각에서 세상과의 관계를 이해하고 실천해야 한다.

4) 성찰

선교적 여정에서 성찰(reflection)은 자기 점검이나 사후 평가가 아니라, 삼위일체 하나님의 선교에 참여한 선교적 소그룹의 성도들이 자신들의 경험을 돌아보며 하나님의 선교적 관점에서 해석하는 핵심 과정이다. 특히 '경청-분별-실천-성찰'의 흐름 안에서 성찰은 여정을 마무리하는 단계가 아니라, 앞서서 일하시는 하나님을 재인식하고 다음 여정을 조정하는 전환점 역할을 한다.

선교적 관점에서 성찰은 먼저 행위의 성공 여부를 평가하는 판단이 아니다. 성찰의 초점은 "우리가 무엇을 얼마나 이루었는가"가 아니라, "우리가 참여한 자리에서 하나님은 어떻게 일하고 계셨는가?", "우리는 하나님의 선교를 제대로 이해하고 있는가?"에 있다. 이는 선교의 주체가 교회나 소그룹이 아니라 하나님 자신이심을 고백하는 신앙적 태도이며, 소그룹이 주도권을 쥐고 있었는지, 아니면 앞서서 일하시는 하나님의 일하심에 겸손히 참여하고 있었는지를 점검하는 과정이다. 이러한 성찰을 통해 선교적 소그룹의 성도들은 자신들에게 일어나는 삼위일체 하나님의 선교를 이해하게 된다.

또한 성찰은 경청, 분별, 실천의 전 과정을 신학적으로 통합하는 역할을 한다. 성찰을 통해 선교적 소그룹의 성도들은 자신들이 무엇을 보고, 들었는지를 되물음으로써 이웃의 목소리와 삶의 이야기를 진정으로 경청했는지, 자신들의 행위가 앞서서 일하시는 하나님의 일하심에 참여하는 과정이었는지, 아니면 이미 준비된 답을 확인하기 위해 듣는 척만 했는지 등을 성찰한다. 동시에 성찰은 분별의 결과보다 분별의 기준을 점검하며 확인하는 역할을 한다. 올바르게 실천했는지, 어떤 기준으로 하나님의 뜻을 판단했는지를 돌아보며, 세속적 성과주의와 속도 중심의 판단에서 벗어나 하나님의 시간과 방식에 자신을 다시 맞추도록 한다. 실천 역시 성찰을 통해 하나님의 계획을 재해석하게 된다. 눈에 보이는 결과가 미비하더라도, 그 실천이 선교적 소그룹의 성도들과 이웃의 관계를 어떻게 변화시켰는지, 그리고 앞서서 일하시는 하나님의 선교에 어떻게 참여했는지를 읽어내는 것이 성찰의 핵심이다.

이러한 반복적인 성찰은 선교적 소그룹의 정체성을 변화시킨다. 성찰이 반복될수록 선교적 소그룹은 목적만을 요구하는 조직이 아니라, 삼위일체 하나님의 선교를 배우는 제자 공동체가 된다. 락스버그는 선교적 소그룹의 성숙은 완벽한 계획과 실행 능력에서 나오기보다, 하나님께 응답하며 끊임없이 배우고 조정하는 유연성에서 비롯된다고 말한 것처럼[30] 성찰은 선교적 소그룹을 자기 확신과 결과 중심에서 자기 비움과 신뢰 중심적으로 패러다임이 바뀌며, 사역과 프로그램 중심의 사고에서 관계와 일상에서의 하나님의 선교적 삶으로 전환하게 된다.

더 나아가 선교적 성찰은 선교적 소그룹 성도들의 회심과 회개를 끌어낸다. 이는 개인의 내적 반성뿐 아니라, 선교적 소그룹 전체가 하나님 앞에서 자신들의 방향을 다시 점검하고 복음에 의해 새롭게 형성되는 사건이다. 뉴비긴이 교회는 끊임없이 복음에 의해 다시 복음화되어야 하며, 성찰은 바로 그 과정을 가능하게 하는 자리라고 강조했듯이[31] 성찰을 통해 선교적 소그룹은 교회 담장 안 중심적 질문과 전통적 관성을 내려놓고, 하나님이 이웃과 지역사회에서 행하시는 일을 어떻게 더 충실히 따를 것인지를 돌아보게 하는 시간이다.

---

30) 알랜 락스버그, 『교회 너머의 교회』, 165-168.
31) 레슬리 뉴비긴, 『다원주의 사회에서의 복음』, 199-242.

따라서 선교적 여정에서 성찰은 결과를 평가하는 종착점이 아니라, 하나님의 선교를 다시 바라보고 그분의 부르심에 더 깊이 응답하도록 선교적 소그룹을 재정렬하는 은혜의 과정이다. 성찰을 통해 공동체는 자신들의 선교적 여정에서 하나님의 일하심을 읽어내고, 그 깨달음으로 다시 경청과 분별, 실천의 여정으로 나아간다. 이러한 반복적 성찰의 리듬 속에서 선교적 소그룹은 점점 더 하나님의 선교에 합당한 존재 방식으로 빚어지게 된다.

5) 환대

기독교는 환대의 종교이다. 환대(hospitality)라는 호스페스(*hospes*)는 '손님' 또는 '주인'을 뜻하는 말로 손님이나 주인 또는 낯선 이방인을 너그럽게 대하는 것으로 심지어 적대적인 사람에게도 따뜻하게 대하며 가족처럼 맞이하는 것이 환대의 개념이다. 이는 환대가 풍성한 사랑과 자비를 표현하는 하나님의 성품으로 세상을 다스리시는 삼위일체 하나님의 역동적 요소이다. 이러한 환대는 선교적 소그룹의 성도들이 자신의 일상과 일터에서 참된 그리스도인으로 살 때 중요한 요소로 작용한다.

이스라엘 백성이 외국인과 나그네를 환대하는 문화를 살펴보면, 레위기 19장 33-34절에 "거류민이 너희의 땅에 거류하여 함께 있거든 너희는 그를 학대하지 말고 너희와 함께 있는 거류민을 너희 중에서 낳은 자 같이 여기며 자기같이 사랑하라. 너희도 애굽 땅에서 거류민이 되었었느니라. 나는 너희의 하나님 여호와이니라"이나 신명기 10장 18-19절에 "고아와 과부를 위하여 정의를 행하시며 나그네를 사랑하여 그에게 떡과

옷을 주시나니 너희는 나그네를 사랑하라 전에 너희도 애굽 땅에서 나그네 되었음이니라"라는 말씀에서 보듯이 구약에서 환대는 하나님과의 관계, 공동체의 결속, 그리고 정의와 자비를 실천하는 중요한 통로였다. 신약에서도 환대가 친절 이상의 그리스도 사랑을 실천하는 신앙 공동체와 결부된 그리스도인의 형제애를 드러내는 실천적 삶이다.

마태복음 25장 35절에서 예수님은 "내가 주릴 때에 너희가 먹을 것을 주었고, 목마를 때에 마시게 하였고, 나그네 되었을 때에 영접하였고"라고 하시며, 예수를 대하듯 환대하라고 했다. 예수께서는 낯선 사람, 가난한 사람, 병든 사람, 상처받은 사람의 친구가 되었으며, 이러한 행위가 하나님 나라의 가치임을 보여주셨다.

즉, 환대는 두 번째 계명인 이웃 사랑의 통로인 동시에 계명 그 자체이다. 하나님의 나라는 이웃과의 관계를 통해 하나님의 관계가 드러난다. 이웃을 책임지지 않고서는 하나님과의 관계를 말할 수 없다. 비록 타자가 하나님이라거나 타자의 얼굴이 하나님과 우리 사이의 매개는 아니지만, 타자 속에 하나님이 현존하기에 타자의 얼굴에서 하나님의 말씀을 들을 수 있다. 그래서 히브리 기자가 "손님 대접하기를 잊지 말라. 이로써 부지중에 천사들을 대접한 이들도 있었느니라"(히 13:2)라고 한 것처럼, 실제로 초대교회는 누구에게나 열린 환대 공동체였다. 가정에서의 공동체 식사와 환대를 통해 교제했으며, 나눔과 사랑의 실천은 교회의 성장과 복음 전파의 중요한 수단이었다. 이처럼 선교적 여정에서 환대는 친절 이상으로 상처 입은 치유자로서 새로운 타자와 공동체를 향하여 또 다른 치유를 위한 환대를 실천하게 된다. 이러한 환대가 선교적 실천으로 나타난다.

선교적 소그룹의 구성원이 지녀야 할 환대는 단순한 타자를 환영하는 행위를 넘어, 하나님이 우리에게 베푸신 사랑으로 타자의 존재를 수용하고 그들의 필요를 예수의 십자가 사랑으로 실천하는 것이다. 이는 선교적 여정에서 나타나는 실천으로, 그리스도인의 자기희생적 사랑, 관계 형성을 통한 참여, 그리고 공동체적 삶을 통해 드러난다. 그러기에 환대는 모든 사람을 환영하고, 자신의 시간과 자원을 희생하며, 타자와의 깊은 관계를 맺고, 함께 하나님의 선교에 참여하는 열린 자세와 실천이 중요하다.

선교적 소그룹의 성도들은 자신의 일터와 지역사회에서 이러한 선교적 환대를 나타내야 한다. 다양한 문화를 포용하고, 개인의 필요에 민감하게 반응하며, 윤리적인 업무 환경을 조성하는 게 중요하다. 또한, 지역사회에서는 낯선 사람과 이주민, 소외된 이웃을 포용하고, 공동체를 형성하여 다른 사람들과 연결되도록 돕는 노력이 있어야 한다. 이러한 과정을 통해 지역사회와 협력하여 문제를 해결하고, 함께 성장할 수 있는 환경을 조성할 수 있다.

환대의 핵심은 진정성과 연속성에 있다. 환대는 단발적인 행위가 아니라, 일상적이고 지속적이어야 한다. 단발성은 이벤트성으로 오히려 환대의 본질을 상실해 왜곡과 실망을 초래한다. 한국교회가 연중행사로 상반기, 하반기에 전도 행사인 '이웃 초청잔치'가 대표적인 사례이다. 이는 교회 중심적 행사로 단발적 이벤트로 전락해 버렸다. 또한, 환대를 통해 타인을 변화시키는 동시에 자신도 변화할 준비가 되어야 한다. 이는 환대가 일방적인 행동이 아니라, 서로를 성장시키는 쌍방적 관계이기 때문이다.

또한 환대는 타자의 회심이나 변화를 요구해서는 안 된다. 그들을 있는 그대로 받아들이는 사랑의 실천이지 그들을 얻기 위한 수단이 아니다. 그들은 하나님 사랑의 대상일 뿐이다. 그러기에 그들의 환경과 조건을 우리의 세계로 초대하는 것이다. 내가 믿는 것을 믿고, 나처럼 생각하고, 나처럼 행동하기 위해 환대를 제공한다면 사랑이 아니라, 비즈니스이다. 그리스도인의 환대는 타인의 있는 그대로 받아들이는 열린 마음에서 출발해야 한다.

결국, 선교적 여정에서 만나는 일터와 지역사회에서의 환대는 하나님 나라의 가치를 구현하는 선교적 삶의 구체적인 모습으로 이를 통해 그리스도의 사랑을 실천하고, 공동체와 사회에 선한 영향을 미치며, 선교적 정체성을 드러난다.

● 소그룹 나눔 ●

① 여러분의 일상과 일터 그리고 가정과 지역사회에서 앞서서 일하시는 하나님의 선교를 어떻게 발견할 수 있는가? 또한 그 일하심에 어떻게 응답하는가?

② 여러분 소그룹의 운영 방식은 '경청-분별-실천-성찰'의 선교적 사이클인가? 그렇지 않다면 어떤 부분을 변화시켜야 하는가?

③ 선교적 환대는 일시적인 초청 행사가 아니라, 일상에서 타자와 함께 사는 삶의 방식이다. 여러분 소그룹은 주변의 다양한 문화, 계층, 상황에서 사람들에게 열린 공동체인가? 아니면, 교회 내부에 머물러 있는가? 만일 교회 내부에만 머물러 있었다면, 세상에 열린 환대 공동체가 되는 방법은 무엇이 있는가?

8장

선교적 상황화

성도들의 선교적 여정은 삼위일체 하나님의 선교를 아는 게 중요하다. 이러한 요건은 세상의 문화와 현실 그리고 상황들을 성경적 관점으로 재해석하는 과정에서 드러나는데, 이것을 선교적 상황화라고 한다. 상황화는 그리스도인이 세상을 이해하고, 재해석하는 필터링이다. 즉, 성경적 세계관과 선교적 상황화로 자신의 일상과 일터 그리고 지역사회의 문화에서 일하시는 삼위일체 하나님의 선교를 발견해야 한다. 이런 점에서 상황화는 그리스도인이 자신의 환경과 문화 그리고 위치에서 참된 그리스도인 됨을 의미한다.

하나님은 비록 하나님 자신을 왜곡하거나 조금 부족하게 표현할지라도 인간이 사용하는 문화와 언어를 통해 나타나셨고, 그곳에서 일하신다[32].

---

32) 딘 플레밍, 『신약성경의 상황화』, 변진석 역 (서울: GMF Press, 2022), 13-14.

구약에서 작은 부족에 불과한 히브리인들에게 히브리 문화와 언어를 통해 하나님은 구원의 역사를 시작하셨고, 예수께서는 고대 중동 지역에서 사용된 셈어족의 언어인 아람어를 통해 하나님 나라를 선포하셨다. 바울도 헬라 문화와 언어로 복음을 전했으며, 유럽에서는 당시에 언어와 문화를 통해 크리스텐덤 시대가 시작되었다. 그리고 훗날 그 복음은 북미와 아프리카 그리고 아시아까지 이르려 그들의 문화 속에서 복음을 드러내셨다. 이처럼 하나님은 시대의 상황과 환경 문화적 배경을 외면하지 않고, 그들의 눈높이에 맞게 하나님의 뜻을 실현하셨다.

1) 상황화의 정의

세속적이고 다원주의로 물든 뉴욕에서 수십 년간 복음을 효과적으로 전하고자 했던 팀 켈러(Timothy J. Keller)목사에게 복음의 상황화는 중요한 요소이었다. 그에 의하면, 상황화는 변화하는 문화 속에 불변의 복음을 효과적으로 전달하기 위한 신학적, 선교적 과제로 복음의 본질은 변하지 않으나 그것을 담는 그릇인 표현 방식과 전달 전략은 유동적이어야 한다고 하였다[33]. 이 개념은 복음을 왜곡하거나 희석하지 않고, 각 문화의 언어, 상징, 세계관을 존중하면서 복음의 진리를 전달하는 데 목적이 있다. 상황화는 문화 적응이나 전략을 넘어, 하나님의 계시가 특정 문화와 역사 속에서 실제화하는 것으로 특히, 예수 그리스도의 성육신은 하나님께서 특정 시공간과 문화 속으로 자신을 내어주신 사건이라는 점에서 상황

---

33) 팀 켈러, 『센터 처치』, 오종향 역 (서울: 두란노, 2016), 39.

화는 복음 그 자체의 성격에 부합하는 사역적 자세이다. 다시 말해, 예수 그리스도의 성육신은 문화적 경계를 넘어 복음을 전하기 위해 다른 문화 안으로 들어가는 모든 교회와 그리스도인이 본 받아야 할 모델이다. 제자 요한은 "말씀이 육신이 되어 우리 가운데 거하시매 우리가 그의 영광을 보니 아버지의 독생자의 영광이요 은혜와 진리가 충만하더라"(요 1:14)라고 하며, 하나님의 말씀, 즉 로고스가 역사적 시공간 안에서 한 인격체로 사신 사건을 강조하였다. 예수께서는 단순히 하늘에서 내려오신 분이 아니라, 당시 유대 사회의 언어, 종교 전통, 일상 문화를 수용하시고 그 속에서 하나님의 뜻을 계시하셨다[34].

우리가 전하는 복음의 본질은 변하지 않지만, 복음의 전달자들이 처한 문화적 상황은 끊임없이 변화하기 때문에 현지 상황에 맞게 복음을 전달하려는 노력은 있어야 한다[35]. 이러한 상황화는 선교적 소통의 도구가 되어 이웃 안에 거하며 그들의 문화와 언어로 해석하고 적용하는 세상과의 대화이다. 따라서 예수 그리스도의 성육신적인 상황화는 선교적 소그룹의 성도들이 자신의 일상과 일터, 지역사회에 들어갈 때 가져야 할 본질적 원리로, 사역이나 프로그램이 아닌, 성도들의 삶에서 전인적으로 나타나는 자신의 성육신적 실천임을 알아야 한다.

하나님의 나라를 비유로 말씀하신 예수 그리스도의 상황화는 선교적 소그룹이 선교적 상황화를 이해하는 데 중요한 사례이다. "예수께서 이러

---

34) 딘 플레밍, 『신약성경의 상황화』, 23-24.
35) 최동규, 『미셔널처치』, (서울: 대한기독교서회, 2017), 259.

한 많은 비유로 그들이 알아들을 수 있는 대로 말씀을 가르치시되, 비유가 아니면 말씀하지 아니하시고, 다만 혼자 계실 때에 그 제자들에게 모든 것을 해석하시더라"라고 기록되어 있다(막 4:33-34). 이는 예수께서는 청중이 이해하는 방식, 곧 그들의 문화적 배경에 맞는 비유로 복음을 표현하셨다. 비유는 이해를 돕는 수단이 아니라, 청중의 세계관, 일상 경험, 전통과 밀접히 연결된 이야기들을 통해 하나님의 나라를 선포한 방식이다. 이를 통해 예수께서는 복음의 본질을 훼손하지 않으면서도, 청중의 문화 안에 깊이 스며들도록 전달 방식을 조율하셨다. 특히, 이러한 비유는 문화적 상황화의 모범으로, 복음 메시지는 동일하지만, 수용되는 방식은 사람들의 상황과 인식 틀을 따른 것이었다. 결국 상황화는 문화를 넘어 복음의 의미가 실제로 들리고 이해되도록 언어와 형식을 조정하는 행위이다. 이것은 복음을 문화 안으로 내재화를 이룬 것으로 선교적 소그룹이 이웃과 지역사회에 들어가 그들의 문화를 존중하며, 복음을 문화적 눈높이 맞게 해석하는 지혜의 필요성을 요구한다는 사실을 알아야 한다.

사도 바울의 선교 방식 또한 상황화의 실천적 모델로 자주 인용되는데, 그는 다양한 문화적 배경을 가진 사람들에게 복음을 전할 때, 그들의 정체성과 관습을 고려하여 유연하게 접근하였다[36]. 고린도전서 9장 20-22절에서 그는 "유대인에게 내가 유대인과 같이 된 것은 유대인을 얻고자 함이요… 여러 사람에게 여러 모양이 된 것은 아무쪼록 몇 사람이라도 구원하고자 함이라"라고 한 말은 정형적인 복음의 상황화이다. 이 본문은

---

36) 마이클 모이나, 『새로운 상황적 교회』, 최동규 역 (서울: 기독교문서선교회, 2025), 46-48.

바울이 메시지를 단순하게 전달한 것이 아니라, 청중의 문화, 종교적 정서, 사회적 위치를 고려하여 자신을 동일시하고, 복음이 그들의 삶 속에 실제로 들리도록 배려하였다. 이는 문화에 복음을 이식하는 방식이 아니라, 복음을 내재화하고 번역하며 재해석하는 상황화의 모습이다. 이러한 방식은 선교적 소그룹에서는 지역문화권 안에서 복음을 상황화하여 그들 안으로 들어가 삶을 나누며 하나님의 선교에 참여하는 지혜의 모델로 활용해야 한다.

2) 선교적 상황화의 필요성

선교적 상황화는 복음이 각 문화와 환경에서 이해되고 받아들여지는 필수적인 선교전략이기에 이 상황화는 예수 그리스도의 복음을 변질 없이 본래의 메시지를 각 문화와 언어 그리고 환경의 틀 안에서 효과적으로 전달하고자 노력해야 한다. 그러기 위해 상황화는 다음과 같은 필요성을 가져야 한다.

첫째, 오늘날 복잡하고 다원화 사회에서 복음은 일방적인 전달이 아니라, 일상과 일터, 지역사회의 문화와 언어, 사고방식에 맞게 재해석해야 한다. 그렇지 않으면, 근대시대에 서구 사회문화를 강요하는 게 선교 이냥 왜곡시키거나 강요, 무례할 수 있다.

둘째, 문화에 대한 이해를 위해 상황화는 필요하다. 도시 복음화를 위해 팀 켈러의 문화에 대한 이해와 상황화는 뉴욕과 같은 다문화 환경의 도시에서는 전통적인 방식보다 포스트모던 세대의 감수성을 고려한 선교전략이 필요하였기 때문이다. 이 점에서 선교적 상황화는 신학적 이론이 아닌, 실제적인 사역 현장에서 입증된 것으로 그들의 삶의 상황화를 통해 실질적인 복음이 수용되고 확장되기 때문이다. 그러기에 선교적 소그룹에서 성도들은 팀 켈러가 말한 문화화 환경의 상황화를 유연성으로 이해하고 적용할 수 있어야 한다.

셋째, 문화의 상황화는 성육신적 동일화의 원리로 이해해야 한다. 이것은 예수 그리스도의 성육신처럼 자신을 비우고 성도들의 복음을 전할 일상과 일터 그리고 지역사회 안으로 들어가 그들과 동일한 주민, 일원이 되는 것이다. 이러한 이유로 선교적 상황화는 선택이 아닌 필수적인 선교 원리로써, 세상에서 빛과 소금이라 할 수 있다.

3) 선교적 소그룹에서의 상황화

선교적 소그룹에서 선교적 상황화는 이웃 안에 거함을 통해 자신의 일상과 일터, 지역사회의 문화적 상황을 이해하는 것이기에 이들에 대한 경청과 관찰이 관건이다. 앞에서 언급했듯이 상황화는 정보 수집이 목적이 아니라, 그곳의 서사를 이해하고 그 안으로 스며들려는 자세가 있어야 하는데, 이는 선교적 소그룹의 성도들이 주변에서 일하시는 삼위일체 하나님의 선교를 듣는 감수성에서 비롯된다. 이러한 감수성은 주변의 이웃, 동료, 일반 시민, 무신론자들의 삶 속에서도 하나님의 일하심을 발견하고자 하는 마음과 기대감에서 시작한다. 이것은 이미 하나님이 현존하신 곳에서 이웃의 언어와 그들의 이야기에 귀 기울임을 통해 얻을 수 있다.

선교적 상황화가 소그룹에서 적합한 이유는 다음과 같다. 첫째, 선교적 소그룹은 교회 안에 머물러만 있는 공동체가 아니라, 세상 속에서 성도들의 일상과 일터, 지역사회와 관계 맺고 복음을 실천할 수 있는 플랫폼이라는 점이다. 이는 지역 사회문화와 상황에 대한 이해를 누구보다 잘 아는 위치에 있다. 그래서 선교적 상황을 선교적 소그룹에 참여하는 성도들이 자신들이 머무는 곳에서 삼위일체 하나님의 선교적 목적을 실천할 때 가장 효과적이다.

둘째, 선교적 소그룹은 다양한 삶과 문화 그리고 이웃과의 관계나 그들의 서사를 품을 수 있는 유연한 구조이다. 예를 들어, 스콧 보렌(Scott Baren)이 주장한 소그룹의 네 가지 과제인 '개인 개선과 라이프 스타일 조정, 관계 회복, 선교적 재창조'를 소그룹 안에서 성도들이 실현 가능케 한다[37]. 이것은 선교적 실천을 통해 자기 성숙을 성취하고, 개인화된 인격체가 선교적 소그룹에서 공동체성을 나눔을 통해 일어난다. 이러한 장점은 오직 선교적 소그룹에서만 가능하다.

셋째, 상황화는 문화를 수용하는 것에 머물지 않고, 문화를 변혁하는 영적 실천으로 이어진다. 상황화된 영성은 상황을 이해하고 그 상황 속에서 선교적 영향력을 행사하는 적극적인 신앙 실천이다. 이는 선교적 소그룹의 정체성과 사명과 연관이 있는 것으로, 선교적 소그룹은 문화 수용에 그치지 않고, 그 문화를 하나님 나라 세계관으로 변혁하려고 한다. 이것은 문화의 배타성이 아니라, 문화선교 차원에서 세상의 문화를 기독교 세계관으로 필터링할 수 있는 장점이 소그룹 안에 있다.

넷째, 선교적 교회의 역량은 선교적 소그룹을 통해 구체적으로 실현한

---

37) Scott Baren, *Missiorelate*, Texas: TOUCH Publications, 62-63.

다. 소그룹은 교회의 내적 역동만 추구하는 교회 지향적 역량을 넘어 세상과 연결하는 플랫폼으로 지역사회의 문화와 언어, 환경을 상황화 과정을 통해 필터링하여 교회가 수용하도록 전조 작업을 하기 때문이다. 소그룹에서 필터링한 문화는 또 다른 성도들에게 쉽게 적응하게 하는 장점이 있다.

그렇다고 할지라도 선교적 소그룹이 상황화를 맹목적으로 수용해서는 안 된다. 무비판적 태도는 겉으로는 소통과 적응처럼 보이지만, 궁극적으로는 복음의 변질과 신학적 혼선을 빚을 수 있다. 찰스 크래프트(Charles H. Kraft)는 문화는 가치중립적이지 아니며, 모든 문화는 타락한 인간의 역사와 관습이 반영된 복합체라고 말하며, 문화는 복음에 의해 평가받으며, 그 안에는 복음과 충돌하는 요소를 분별해야 한다고 하였다[38]. 그러기에 문화를 이해할 때 먼저 문화 비판적 안목을 갖추는 게 중요하다. 잘못하면 상황화를 문화의 적응과 복제 사이에서 비판 없는 문화의 존중으로만 이해할 경우, 복음이 문화에 종속되어 기독교의 고유한 가치와 윤리가 손상될 수 있다. 따라서 문화는 복음의 빛 아래에서 해석되고 재구성되어야 하며, 상황화는 단순히 수용의 대상이 아니라 복음으로 재해석이 필요한 변혁의 대상이어야 한다. 그 점에서 선교적 소그룹이 일상과 일터, 지역사회의 문화를 존중하는 것은 필요하지만, 복음의 기준 없이 무조건 수용하는 태도는 변질의 위험을 불러올 수 있다. 예를 들어, 일터에서 일어나

---

38) 찰스 크래프트, 『기독교와 문화』, 임윤택·김석환 공역 (서울: 기독교문서선교회, 2006), 212-213.

는 부정행위(자금 세탁, 청탁, 뇌물, 잘못된 회식 문화, 성차별 등)를 관습이나 정서로 이해하는 행위는 그리스도인으로 수용하기 어려운 문제이다. 이러한 행위는 단절되어야 하며, 변혁의 대상일 뿐이다. 그러기에 선교적 실천에서 문화 비판과 복음 변혁의 긴장 속에서 선교적 소그룹 안에서 분별해야 한다.

• 소그룹 나눔 •

① 복음의 본질을 훼손하지 않으면서 문화에 맞게 복음을 전하기 위해 우리는 어떤 자세가 필요한가?

② 예수 그리스도의 성육신은 우리에게 어떤 선교적 태도를 가르쳐 주는가?

③ 바울이 헬라 문화를 활용해 복음을 전했던 것처럼, 오늘날 우리가 속한 문화 속에서 복음을 효과적으로 나누려면 어떤 방식이 필요한가?

9장

선교적 제자도

지금까지 선교적 소그룹이 가져야 할 선교적 영성, 선교적 성품, 선교적 공감, 선교적 여정, 선교적 상황화에 대해 나누었다. 이러한 선교적 실천 요소는 선교적 제자도를 통해 구체화 된다. 이는 예수의 십자가의 길을 따르는 제자가 그리스도의 인격과 삶을 본받아 삼위일체 하나님의 선교에 기꺼이 참여하는 제자로 거듭남을 의미한다. 이러한 제자도는 개인의 영적 성장과 교회 내부의 봉사에만 머물지 않고, 하나님의 창조 세계 회복과 예수 그리스도의 구속 사역에 참여하여 세상 속에서 하나님 나라 확장을 꿈꾸는 선교적 소그룹에 속한 성도들의 실천적 삶의 모습이기도 하다.

　제자도는 성경 전체에서 일관되게 흐르는 중심 주제 중 하나로, 특히 신약성경에서 예수 그리스도의 사역과 명령을 통해 그 본질이 명확하게 드러난다. 제자도는 예수 그리스도를 믿는 것을 넘어서, 그분의 성육신적 삶을 따르고, 그분의 사역에 참여하는 삶의 여정이다. 이러한 제자도는 구원의 수동적 수용이 아니라, 하나님의 나라에 참여하여 능동적으로 살아내고 확장하는 삶의 방식 즉, 십자가의 길을 따르는 라이프 스타일이다.

1) 선교적 제자도는 예수 그리스도의 명령이다

　제자도(Discipleship)의 핵심은 마태복음 28장 18-20절, 즉 예수 그리스도의 지상 대명령에 있다. 부활하신 예수께서 제자들에게 "모든 민족을 제자로 삼아 아버지와 아들과 성령의 이름으로 세례를 베풀고, 내가 너희에게 분부한 모든 것을 가르쳐 지키게 하라"고 명하셨다. 이 명령은 단순히 전도를 통해 사람을 교회로 인도하는 것에서 그치지 않으며, 그들이 그리스도의 삶을 따르는 제자(discipulus, disciple)가 되도록 하는 지속적인 양육과 실천을 포함하는데, 이 제자도는 '모든 민족'(πάντα τὰ ἔθνη, panta ta ethnē)을 대상으로 하여, 세례와 가르침, 실천을 포함한 포괄적인 삶의 변화를 요구한다. 이 명령은 교회가 내부 성장에만 머물 것이 아니라, 밖으로 나가 모든 민족에게 복음을 전하고, 제자를 삼도록 부름 받았음을 의미한다. 특히, panta ta ethnē(판타 타 에스네)는 '세계의 모든 언어와 문화권에 복음이 전하는 것'을 의미하는 것으로써 제자도의 핵심이 선교적 정체성과 행동에 있다는 것을 강조하는 핵심 요소이다.

그런 점에서 선교적 제자도는 단발적 결단이 아니라, 일생동안 예수 그리스도의 성품을 닮아 하나님의 선교에 참여하는 전 과정에서 명확해진다. 또한 지상명령은 제자도와 선교를 분리할 수 없음을 보여준다. 제자를 삼는 행위 자체가 곧 선교적 행위이며, 제자도는 참된 그리스도인의 선교적 정체성을 실현하는 통로이기도 하다.

2) 선교적 제자도는 십자가 중심적 삶이다.

선교적 제자도의 본질은 자기희생과 헌신, 하나님 나라를 위한 자기 부인의 삶이 전제되어야 한다. 이는 선교의 열심을 말하는 것이 아니라, 예수 그리스도의 십자가를 본받는 삶의 제자도를 의미한다.

마가복음 8장 34절과 누가복음 9장 23절에서 예수께서는 제자의 조건을 제시하셨다. "누구든지 나를 따라오려거든 자기를 부인하고 자기 십자가를 지고 나를 따를 것이니라." 이 말씀은 제자도의 본질이 자기 중심성의 포기와 십자가를 지는 희생임을 선포하셨다. 예수 그리스도를 따르는 길은 고난이 없는 영광의 길이 아니라, 자기를 부인하는 십자가의 길이다. 그러기에 제자도는 정제된 종교적, 윤리적 헌신을 의미하지 않는다. 그리스도의 죽음과 부활에 연합하는 삶을 의미한다(롬 6:5-8). 따라서 제자도는 개인의 안위나 성취를 위한 종교적 수단이 아니라, 세상 가운데 하나님 나라를 드러내기 위한 거룩한 참여와 헌신의 여정이다.

또한 십자가 중심적 삶은 선교적 삶의 내적 동력이다. 선교적 제자도는 왜 이 길을 가는가에 대한 내적 동력으로, 예수 그리스도의 십자가에서 드러난 하나님의 사랑과 그 사랑에 대한 순종적 삶이 중심이 되어야 한다. "우리가 아직 죄인 되었을 때에 그리스도께서 우리를 위하여 죽으심으로 하나님께서 우리에 대한 자기의 사랑을 확증하셨느니라."(롬 5:8)라고 한 이 사랑은 제자의 삶을 하나님과 이웃을 위한 선교적 삶의 원동력이다. 즉, 십자가 중심적 삶은 선교적 존재의 정체성을 형성하며, 그리스도인의 삶을 십자가로 귀결되게 한다.

3) 선교적 제자도는 성령이 이끄시는 삶이다

선교적 제자도는 인간의 의지나 능력만으로는 이루어지지 않는다. 선교는 본질적으로 하나님이 이루시는 사역이며, 성령은 이 사역을 가능케 하시는 동력이자 주체로서 제자의 삶과 사명을 이끄신다. 그런 점에서 성령의 역할은 선교적 삶의 본질과 실천을 가능케 하는 하나님의 임재와 능력의 구체적 표현이다.

예수께서는 승천하시기 전에 제자들에게 "오직 성령이 너희에게 임하시면 너희가 권능을 받고 예루살렘과 온 유대와 사마리아와 땅 끝까지 이르러 내 증인이 되리라"(행 1:8)라고 하신 말씀은 성령이 선교적 삶을 가능케 하는 능력의 원천임을 의미하는 것으로 성령이 영적 체험의 보조가 아니라, 선교적 정체성을 지닌 공동체가 세상 속에서 복음의 증인으로 살아가게 하는 필수적인 원동력임을 의미한다.

특히, 오순절 사건(행 2장)은 초대교회가 내면적 영성을 넘어 세상으로 확장되는 선교 공동체로 전환된 역사적 전환점이었다. 성령이 임하셨을 때 제자들은 새로운 담대함과 지혜로 각 나라의 언어로 복음을 전했고, 그 결과로 3천여 명이 회심하는 놀라운 부흥이 일어났다. 성령의 임재가 하나님의 구속 사역을 확장하는 선교적 계기가 된 것이다. 여기서 성령의 사역이 내적 성화에만 한정하지 않고, 외적 증언과 공동체적 파송을 포함하는 선교적 동력임을 보게 된다.

또한 성령은 제자들에게 지속적인 인도와 분별의 지혜를 주셨다. 사도행전 13장에서는 성령께서 안디옥 교회에 바나바와 바울을 따로 세워 이방 선교를 위해 파송하도록 명령하신다. 이는 선교의 전략과 방향조차 인간의 기획이 아닌 성령의 주도적 인도하심 속에서 진행됨을 의미한다. 바울도 여러 선교 여정 중 성령의 인도하심에 따라 지역을 선택하거나 우회하였다(행 16:6-10). 즉, 성령은 선교적 삶의 계획자이자, 동반자이며, 사역의 실행자이신 삼위 하나님의 사역에 능동적으로 참여하시는 분이시다.

성령은 성도의 일상에서 하나님의 통치를 나타내는 인격적 증거의 능력을 부여하셨다. 갈라디아서 5:22-23에서 바울은 성령의 열매를 사랑, 희락, 화평 등 삶의 구체적 태도로 설명한다. 이러한 열매는 개인의 영성을 위한 결과물이 아니라, 세상 속에서 하나님의 성품을 드러내는 선교적 삶의 실제적 표현이다. 성령이 충만한 제자는 세상 속에서 그리스도의 성품을 드러내며, 말과 행동을 통해 하나님의 나라가 임했음을 선포하게 된다.

따라서, 선교적 제자도의 핵심 동력은 성령이다. 성령은 제자들의 삶을 변화시키고, 그들을 세상 속에 파송하며, 복음을 능력 있게 증언하게 하신다. 그러기에 성령을 따르고 의지하는 삶은 곧 선교적 삶이 되며, 성령 안에 거할 때 제자도는 교리적 정체성을 넘어, 세상을 변화시키는 하나님의 사역에 실제로 참여하는 살아 있는 믿음의 여정이 된다.

02 선교적 제자도의 정체성과 특징

선교적 제자도는 예수의 부르심에 응답하여 삶의 모든 영역에서 복음으로 살며, 삼위일체 하나님의 선교에 참여하는 전형적인 제자의 실천적 모습이다. 특히 선교적 소그룹에서 선교적 제자도는 신앙 성장이나 예배, 교육, 소그룹의 친교 등 교회의 내적 영역으로 한정하지 않고, 세상을 구원하시고 다스리시는 삼위일체 하나님의 선교에 참여하는 제자 공동체의 삶의 방식으로 나타난다. 이는 지상 대명령(마 28:18-20)에 순종하는 제자도이다. 그러기에 일상에서의 선교와 제자도는 분리되지 않고 통합된 사명이다.

삼위일체 하나님 선교에 참여하는 성도들은 선교적 제자도의 정체성을 아는 게 중요하다. 선교적 소그룹은 무엇을 '하는 것' 이전에 '하나님의 백성으로서 세상 속에 보냄 받은 자'라는 정체성이 있어야 한다. 그리고 교회 안에서 예배와 봉사, 사역뿐 아니라, 일상, 일터, 가정 그리고 사회에서 그리스도의 제자로 살아가는 신앙과 삶의 균형을 가져야 한다. 여기에는 경건 생활이 자기 내면화를 넘어 세상에서도 빛과 소금으로 이웃을 섬기며, 정의와 평화의 실현, 복음으로 살아내며 증거하는 선교적 실천이 포함된다.

그런 점에서 선교적 제자도는 기존에 내적 성숙과 경건 생활 그리고 교육 및 훈련 등 양육을 추구하는 교회 내부 지향적인 제자도와 차별성이 있다. 진정한 제자는 교회 공동체뿐 아니라, 세상으로 파송, 일상과 일터 그리고 이웃과 지역사회 중심으로 일상의 실천과 참여를 추구하는 세상에서의 제자됨을 의미한다. 이 말은 선교적 제자도가 그리스도인의 신앙 형태나 구조, 훈련과정이 아니라, 예수 그리스도의 사명과 삶을 따르는 공동체적 삶(관계적 삶)을 의미한다. 이렇게 선교적 소그룹에서 이루어지는 선교적 제자도는 다음과 같은 특징이 있다.

첫째, 선교적 제자도는 성육신적 제자도로 삼위일체 하나님의 선교 참여에 우선한다. 교회의 선교적 삶은 전략이나 구조 이전에 성육신하신 예수 그리스도를 본받는 성육신적 삶에서 비롯되었다. 그러기에 예수의 성육신적 삶은 선교적 제자도의 원형이며, 선교적 소그룹에 참여하는 성도들이 따라야 할 본질이다. 이는 세상에서 복음으로 성육신적 삶을 보일 때, 교회 담장 안의 영성을 넘어서게 된다. 그래서 선교적 소그룹은 교회 안의 공간적 신앙에서 자기 일상과 일터, 지역사회의 현장에서 하나님 나라를 구현하는 실천적 삶을 이루게 된다. 크리스토퍼 라이트(Christopher J. H. Wright)는 성육신의 목적을 하나님의 백성 모두가 세상 속에서 하나님의 선교에 참여하는 삶으로 초청받은 것으로 보았고, 성도와 교회의 모든 존재와 말과 행동은 세상에서 의도적으로 성육신적 방식으로 참여해야 한다고 하였다[39]. 다시 말해, 모든 성도는 하나님이 초청하신 선교적 제자

---

39) 크리스토퍼 라이트, 『하나님 백성의 선교』, 한화룡 역 (서울: IVP, 2012), 21.

로서 선교적 삶의 참여를 의미하는 것으로 성도의 선교적 제자도의 실현이다.

두 번째는, 선교적 제자도는 공동체 중심의 제자도로 그리스도의 몸된 지체와 함께하며 배우는 제자의 삶을 의미한다. 앞에서 여러 번 말했듯이 선교적 제자도는 공동체로부터 출발한다. 예수 그리스도께서 열두 제자를 공동체 안에서 훈련하셨듯이, 진정한 제자도는 공동체적 맥락에서 발현된다. 공동체는 삼위일체 하나님의 관계성에서 비롯되었으며, 이 삼위일체 하나님의 상호 내재적 관계성은 제자 공동체에도 전해진 것이다. 따라서 제자도는 개인주의적 영성이나 도덕적 자기 계발이 아닌, 서로를 돌보며 성장하는 상호 제자화에서 그 본질은 명확해진다. 특히 '핵개인주의'라 불리는 현대사회에서, 공동체 중심 제자도는 하나님의 선교적 백성이라는 정체성과 예수 그리스도의 제자 됨을 회복하는 중요한 과제이다. 스탠리 하우어워스(Stanley Hauerwas)와 윌리엄 윌리몬(William Willimon)은 교회 공동체가 세상 속의 새로운 사회로 존재하며, 바로 그 공동체 안에서 참된 제자 됨이 이루어져야 한다고 하였다[40]. 이들은 제자도를 그리스도인으로서 살아가는 복음적 실천으로 규정하며, 공동체 없이는 그리스도인의 정체성 역시 불가능하다고 주장한다. 따라서 선교적 제자도는 선교적 소그룹 공동체 안에서 구체적으로 나타나야 한다. 초대교회는 가정교회를 중심으로 모였고, 그 안에서 말씀, 나눔, 식탁 교제, 그리고 선교가 통

---

40) 스탠리 하우어워스·윌리엄 윌리몬, 『하나님의 나그네 된 백성』, 김기철 역 (서울: 복 있는 사람, 2008), 113-118.

합된 삶이 이루어진 것처럼, 오늘날 선교적 소그룹 역시 단순한 소모임이 아닌 제자 공동체이자 선교적 공동체가 될 때 비로소 예수를 따르는 선교적 제자로 성장할 수 있다.

셋째, 선교적 제자도는 일상에서 드러나는 사도직이다. 선교적 제자도는 일상적인 삶의 자리에서 복음이 드러나는데, 이는 교회 공동체에 속한 모든 성도 즉, 목회자든지 평신도든지 상관없이 모두를 포함한다. 목회자도 선교적 제자도에는 예외가 아니다. 목회자도 예수 그리스도의 제자로 자기 삶의 영역에서 제자의 자리에 서야 한다. 우리는 구원이나 중생으로의 부르심, 성숙한 신앙으로의 부르심, 특정한 직분 및 사역으로의 부르심, 삶의 자리로의 부르심을 받았다[41]. 이러한 부르심은 목회자에게만 해당하는 것이 아니라, 평신도와 목회자 모두에게 해당하는 부르심이다. 특히 평신도의 부르심은 선교적 제자도에서 명확하게 나타난다. 이것은 평신도를 교회의 일꾼 세우기 위한 명분이 아니라, 하나님의 선교적 백성으로 매일 일상에서 삼위일체 하나님의 선교에 참여하는 사도적 정체성이 드러난다. 그런 점에서 선교적 제자도는 하나님의 목적을 위해 일상에서 예수 그리스도의 제자로 빛과 소금으로 살아가는 삶이다. 그리고 제자들이 선교적 소그룹에 모여 하나님의 일하심에 참여하여 하나님 나라의 소명을 실현하게 된다.

---

41) 송인규, 『평신도 신학 1』, (서울: 홍성사, 2001), 281

선교적 제자도는 성도들이 자기 삶의 영역에서 하나님의 선교적 백성으로서 복음을 실천하고 전하는 삶으로, 예수 그리스도의 부르심에 응답하여 성령 안에서 공동체와 더불어 훈련하고, 세상에서 복음으로 살아내는 일상에서 제자의 모습이다. 이러한 선교적 제자도는 몇 가지 본질적인 핵심 요소를 통해 구체화하는데, 이러한 요소들은 분리된 개념이 아니라 유기적인 연관성과 조화로움을 가진 제자도이다.

1) 상호관계 중심성

선교적 제자도는 지식을 전달하는 일방적인 교육이 아니라, 삶을 나누는 관계 안에서 굳건해진다. 예수께서 제자와 함께 거하시며 일상에서 가르치셨던 방식은 이러한 관계 안에서 이루어지는 제자도의 본질을 보여주었다(막 3:14). 특히, 복음서에 나타난 예수의 제자훈련은 교실이나 강의실이 아닌, 식탁, 길, 집, 회당, 들판 등 삶의 현장에서 이루어진 것을 보면, 오늘날 이와 같은 상호관계 중심성은 멘토링, 소그룹에서 후원자 관계, 영적 부모와 자녀 관계 등으로 나타낼 수 있다. 특히, 제자훈련을 통해 일상의 삶의 문제를 함께 나누고, 서로의 고민을 듣고, 삶을 함께 실천하며, 동행하는 공동체 영성에서 지속 가능하게 된다. 그래서 선교적 제자도는 이웃이나 주변 사람들을 일상의 관계 안으로 들어가는 것이며, 그 관계를 통해 그리스도의 향기와 형상을 드러내게 된다.

2) 공동체성

제자도는 개인의 결단이나 훈련만으로 완성되지 않으며, 반드시 공동체 안에서 다른 지체와 함께 살아내는 삶의 여정에서 이루어진다. 초대교회 성도들이 말씀을 배우고, 떡을 떼며, 서로의 필요를 채우고, 세상의 본이 되는 공동체적 삶을 보였을 때(행 2:42-47; 4:32-37), 공동체는 단순한 모임이나 친교, 종교적 의식을 넘어, 전형적인 예수 그리스도를 따르는 제자들의 공동체성과 일상에서 복음에 순종하는 삶의 모습을 드러냈기에 가능했다.

이처럼, 선교적 제자도는 공동체 안에서 상호책임과 권면, 사랑과 섬김, 헌신, 덕을 세움을 실천될 때 비로소 형성된다. 특히 현대사회의 개인주의 문화에서, 공동체적 제자도는 하나님 나라의 대안 공동체로서 세상의 모델이다. 따라서 교회는 선교적 공동체 안에서 제자도를 실천할 수 있는 공동체적 구조를 마련해야 한다.

3) 참여와 실천

선교적 제자도는 지식과 내면적 성장에서 벗어나, 일상과 일터 그리고 지역사회의 실질적인 삶에서 복음을 실천하는 참여하는 신앙이다. 야고보서에서 "행함이 없는 믿음은 죽은 것"(약 2:17)이라고 했듯이, 참된 제자도는 듣고 배우는 것에 머물지 않고, 말씀대로 실천하고 그렇게 살아내는 것으로 점진적 성장을 이룬다. 이는 성도 스스로가 교회 안에서 수동적인 참여를 넘어, 일상과 일터, 지역사회의 현장에서 능동적이고, 적극적으로 삼위일체 하나님의 선교에 동참하는 삶을 의미한다.

예수께서는 제자들에게 복음을 듣게만 하지 않으셨다. 그들을 마을로 파송하여 병자를 고치고 귀신을 쫓으며 복음을 선포하게 하셨다(눅 9:1-6). 이러한 실천은 살아 역동하는 복음의 본질로서 제자도의 핵심이기에 그렇게 하셨다. 오늘날의 제자도 역시 일상과 일터, 가정과 학교와 지역사회에서 복음을 증거하고 정의와 사랑, 자비를 실천하는 일상의 선교적 삶을 구현해야 한다. 이러한 실천은 구조화된 프로그램이나 사역이 아니어도 상관없으며, 오병이어의 기적에서 어린아이의 작은 실천에서 시작된 것처럼, 작은 순종의 연속에서 제자도는 성숙해진다.

4) 성령의 인도하심과 영적 형성

선교적 제자도의 내적 원동력은 인간의 수고나 노력이 아니라, 성령의 인도하심에서 비롯된다. 참된 제자는 성령에 의해 이끌림을 받고, 말씀과 기도, 예배와 훈련을 통해 점진적으로 그리스도를 닮는 성화의 여정을 걷게 된다(고후 3:18). 이 과정은 단회적 사건이 아니라 평생에 걸친 변화의 과정이며, 성령은 각 사람 안에서 역사하셔서 하나님의 뜻을 따라 살아가도록 능력을 주신다.

이러한 영적 성장은 선교적 정체성과 연결된다. 성령 충만은 곧 사명을 향한 능력으로 나타나며(행 1:8), 영적 성숙은 세상 가운데 그리스도의 사랑과 진리를 전하는 삶으로 열매 맺게 된다. 그러므로 선교적 제자도는 깊은 영성에 뿌리를 두고 있으며, 내면의 형성과 외적 사명의 실천이 균형을 이루어야 한다.

따라서 선교적 제자도는 교회 안에서 이루어지는 교육이나 프로그램이 아니라, 일상의 삶에서 참된 그리스도인으로 변화하는 총체적인 신앙 여정이다. 이 여정은 관계 안에서 살아나고, 코이노니아 공동체 안에서 자라며, 삶의 현장에서 실천되고, 성령의 인도하심에 따라 성숙해져 간다. 이 네 가지 핵심 요소(관계 중심성, 공동체성, 참여와 실천, 성령의 인도하심과 영적 형성)은 오늘날 교회가 선교적 제자도를 회복하고, 세상에서 삼위일체 하나님의 선교에 동참하기 위해 반드시 갖추어야 할 핵심적 요소이다.

04) 선교적 소그룹에서의 선교적 제자도

선교적 소그룹이 선교적 사명을 이루기 위해서는 소그룹에서 제자 훈련과 실천이 함께 이루어져야 하는데 그러기 위해서는 선교적 소그룹에서 다음과 같은 환경이 요구된다. 첫 번째는 말씀 중심적 환경이다. 소그룹에서 성경을 읽고 귀납법적으로 해석하거나 토론을 넘어, 성경 말씀이 일상의 삶까지 이어져야 한다. 즉, 소그룹 나눔이 성경 본문의 해석학이나 귀납법적 개념에 갇히지 않고, 일상의 삶과 연계되어 생활신앙으로 이어지는 말씀 중심의 라이프 스타일이 되어야 한다. 두 번째는 관계 중심적 환경이다. 선교적 제자도는 선교적 소그룹 안에 모든 지체는 그리스도의 몸으로서 하나 됨이 필수적이다. 이 관계는 지체 간에 서로 섬기고, 덕을 세우며, 상호책임을 지는 관계이다. 세 번째는 실천과 책임의 환경이다. 제자도는 성경의 지식보다 삶의 변화가 중요하며, 이를 위해 성도들의 일상과 그들의 주변, 지역사회를 섬김, 정의 실천, 복음 전도와 같은 선교적 실천이 자연스럽게 일어나야 한다. 네 번째는 영적 성찰과 순환의 환경이다. 알랜 락스버그는 선교적 여정을 위해서는 앞서 선교적 여정에서 다루었던, '경청-분별-실험-성찰-결정'과 같은 다섯 가지의 실천으로 삶의 변화와 복음이 어떻게 삶을 형성하고 있는지를 점검하는 과정이 필요하다고 했다[42]. 이러한 반복적 훈련과 순환은 선교적 삶의 리듬이 활성화되는 데 필수적이기에 선교적 제자도에 적용 가능한 과정이다. 다섯 번째는 선교적 제자도는 선교적 소그룹의 리더십이 기존의 수직적, 권위적 리더십에서 벗어나, 성도들이 동등한 동역자로 참여하는 수평적 구조 안에서 명확하게 나타난다. 리더는 교사나 주도자가 아니라, 함께 걷는 동반자이기에 선교적 제자도를 세우는 소그룹의 문화는 유연성, 개방성, 창의성, 독립성 중심이어야 한다.

● 소그룹 나눔 ●

① 예수님을 따르는 제자로서, 나는 지금 어디로 보내심을 받았는가?

② 여러분 소그룹은 일상과 일터, 가정, 지역사회에서 어떤 선교적 실천을 하고 있는가?"

③ 최근의 삶에서 말씀을 실천하거나 성령의 인도하심을 따라 순종한 경험은 무엇인가?

---

42) 알랜 락스버그, 『교회 너머의 교회』, 110-111.

3부

선교적 소그룹으로의 전환

소그룹의 전환은 어떻게 가능한가? '부르심 받은 공동체가 보냄 받은 공동체'로 전환할 때, 선교적 소그룹의 역량은 일상과 일터, 지역사회에서 선교적 실천으로 나타나야 한다. 이러한 신학적 이해는 2부에서 논의된 바와 같이, 소그룹이라는 플랫폼에서 가장 현실적임을 보았다. 그러나 한국교회의 많은 소그룹은 여전히 교회 내 교제 중심 모임에 머물러 있으며, 교회 구조의 하위 프로그램으로 인식하는 경향이 있다. 따라서 기존 소그룹이 선교적 소그룹으로 전환되기 위해서는 신학적 인식의 변화뿐만 아니라, 구체적 실천 전략과 전환의 과정을 포괄하는 통전적 접근이 필수적이다.

선교적 소그룹으로의 전환은 단순히 커리큘럼을 교체하거나 외형적인 프로그램을 도입하는 방식으로 달성되지 않는다. 이는 리더십의 재형성, 공동체의 정체성 재구성, 실천적 행동의 변화, 선교적 관점에서의 구조화가 동반되는 총체적인 과정이다. 이러한 전환은 일회적인 교육이나 단기 프로젝트로 완성되지 않으며, 지속적인 성찰과 점진적 변화의 여정을 요구하는 신학적 실천 과정이다.

3부에서는 이러한 선교적 소그룹으로의 전환을 위한 실천적 로드맵을 제시하고자 한다. 여기서 제시하는 전환 과정은 단순한 실행 단계의 나열을 넘어, 선교적 정체성의 재형성과 이를 둘러싼 구조적, 관계적, 영적 환경의 재설계를 포함한다. 궁극적으로 이 전환은 곧 '회복'이며, '재정의' 그리고 '재파송'을 의미한다.

특히 이 과정은 선교적 소그룹의 여섯 가지 핵심 요소들을 실제 소그룹의 삶과 구조에 어떻게 적용할 수 있을지를 중심으로 구성된다. 이는 단순한 이론의 확장이 아닌, 선교적 소그룹이 교회 현장에서 구체적으로 가능하다는 실천신학적 응답이다.

이제 로드맵을 통해, 선교적 교회론이 어떻게 구체적인 공동체 안에서 작동할 수 있으며, 그 여정이 어떤 방식으로 시작되고 지속되어야 하는지를 확인하게 될 것이다. 이 과정은 곧, 한국교회의 미래를 새롭게 써 나가는 중대한 의미를 지닌다.

소그룹의 혁신

- 교회의 본질에서 교회의 미래로 -

10장

선교적 소그룹 전환 로드맵

01 로드맵의 중요성

선교적 소그룹이 하나님의 선교에 참여하기 위해 부르심 받고 또한 보냄 받은 공동체로 성령이 인도하시는 선교 공동체로 탈바꿈하기 위해서는 교회의 패러다임, 태도, 구조가 바뀌는 선교적 변화가 있어야 한다. 선교적 변화는 교회가 하나님 나라 사역을 충실히 수행하기 위해 감당해야 할 전략적인 변화를 의미한다[43]. 그러기에 기존의 일반 소그룹을 선교적 소그룹으로 전환하는 과정은 단순히 프로그램 변경이나 운영 방식의 수정만으로는 전환할 수 없다. 이러한 전환은 교회 전체의 정체성과 성도들의 신앙관까

---

43) 폴 던바 & 앤서니 블레어, 『변화에 무너지는 교회, 변화에 성공하는 교회』 한국교회선교연구소 역, (고양: KOMIS, 2016), 22.

지 재정립해야 하는 복합적 과정이기에, 이를 체계적으로 안내하는 로드맵이 필수적이다. 로드맵은 과거에 제작된 지도를 버리고 새로운 지도를 그리는 설계도와 같다. 설계도는 과거에는 중요했지만, 지금은 필요치 않은 요소를 점검하고, 새로운 환경, 새로운 세대에 필요한 다양한 환경을 도입하며, 이와 관련된 구조와 시스템을 재정비하는 작업을 포함하고 있다. 그러기에 로드맵의 명확한 가이드가 중요하다.

또한 선교적 변화는 정체성의 변화이다. 기존의 일반 소그룹은 대개 성경 공부나 친교, 봉사 중심의 활동 등 내적 활동에 머물러 있었지만, 선교적 소그룹은 공동체성과 일상에서의 선교, 관계 중심의 사역 그리고 파송된 하나님의 백성으로 살아가는 정체성을 강조한다. 그래서 구조와 기능의 변화가 아니라 존재 방식의 변화이므로, 본질을 놓치지 않고 전환할 수 있는 명확한 가이드가 있어야 한다.

또한 선교적 전환은 방향성, 관계, 문화, 대상, 조직 등이 상호연결된 통합적 변화이기에 로드맵 없이는 혼란과 저항 그리고 목표 이탈이 일어날 수 있다. 교회는 목회적 방향성의 변화와 소그룹의 우선순위 그리고 소그룹 리더의 역할이 바뀌며, 성도들의 신앙적 기대와 습관이 도전받는 만큼, 변화과정을 예측할 수 있고 안전하게 진행하는 단계적 변화가 필요하다. 로드맵은 이러한 변화를 정리하여 교회가 "지금 어디에 있으며 어디로 향하는가"를 명확히 제시하고, 공동체가 동일한 방향을 바라보며 함께 걸어가도록 돕는다.

전환 과정에서 자연스럽게 발생하는 저항과 충돌을 완화하는 것도 로드맵의 역할이다. 익숙한 방식에 머물던 성도들은 변화에 불안하기에, 왜 변해야 하는지, 무엇이 달라지는지, 그 과정이 어떤 의미를 갖는지 명확히 설명하지 못하면 반발과 피로감을 느낄 수 있다. 로드맵은 변화를 이해시키고, 각 단계가 왜 필요한지를 설명하며, 성도들이 자신들의 속도에 맞춰 참여할 수 있도록 한다.

나아가 로드맵은 전환 과정에서 필요한 우선순위와 실행의 순서를 분명하게 제시한다. 변화과정에서 무엇을 먼저 해야 할지, 무엇을 뒤로 미루어야 하는지 모르면 시행착오가 생기고 리더십은 불필요하게 소모된다. 로드맵은 단계별로 선행 작업과 병행 작업을 구분해 주며, 변화를 가장 효과적으로 수행하도록 한다. 동시에 로드맵은 전환의 속도를 조절하여 자충수를 미리 예방하기도 한다.

마지막으로 로드맵은 선교적 소그룹 전환이 일회적 변화로 끝나지 않고, 교회의 문화로 정착시키는 핵심 도구이다. 많은 교회가 소그룹의 변화를 시도하지만, 내적 역동을 구축하거나 실천을 반복하기 전에 방향을 잃어버리거나 열정을 상실하는 경우가 많다. 로드맵은 전환의 흐름을 '본질 재발견 → 소그룹의 내적 역동성 회복 → 소그룹의 선교적 사명 이해 → 작은 실천 → 분별과 성찰 → 실천 → 문화화'라는 순환 구조를 제시함으로써, 선교적 소그룹이 선교적 교회의 생태계로 정착하도록 한다.

이처럼 로드맵은 선교적 소그룹 전환을 위해 선택적인 도구가 아니라, 변화를 정확하게 이해하고, 지치지 않고, 갈등 없이 삼위일체 하나님의 선교에 따라 지속적으로 나아가기 위한 필수적인 과정이다. 정확한 로드맵이 있을 때 교회는 변화의 길에서 흔들리지 않고, 공동체 전체가 더 깊고 신실한 선교적 삶을 실천할 수 있다.

1단계 교회의 본질과 사명, 비전 발견하기

교회의 본질과 사명, 비전 발견하기는 선교적 소그룹 전환의 출발점이자 전환의 방향성과 의미를 재정립하는 기초 작업이다. 이 단계는 단순히 교회의 목표를 새롭게 세우는 행정적, 시스템적 과정이 아니라, "교회의 존재적 이유는 무엇인가?", "하나님은 우리 교회를 이곳에 세우신 목적이 무엇인가?", 나아가 "우리는 어디로 가야 하는가?"라는 근본적인 질문을 통해 해답을 모색하는 성경적이고 신학적 탐구 과정이다.

이를 효과적으로 수행하기 위해서는 우선 비전팀을 구성하여 앞서 언급된 문제들에 대한 심층적 해답을 탐구하고, 그에 기반한 실질적인 방법론을 모색하는 것이 중요하다. 이 비전팀은 담임목사, 당회원, 부목회자, 소그룹 리더, 청년, 청소년 등 다양한 세대를 아우르는 인원으로 구성되어야 한다. 변화를 추구하는 과정에서 흔히 발생하는 첫 번째 오류는 모든 주요 의사결정을 당회 및 중직자 등 기성세대가 주도한다는 점이다. 기성세대는 과거의 경험이 현재에도 여전히 유효하다고 생각하지만, 이는 현실과 다르다. 오히려 기성세대가 미성숙하다고 느끼는 소그룹 리더나 청년, 청소년 세대는 각자의 문화를 이해하고 판단하며, 그에 대한 책임을 감당할 충분한 능력을 보유하고 있다.

두 번째 문제는 교회의 수직적 소통 라인이다. 현대사회의 대부분 조직은 수직적 체계에서 수평적 체계 혹은 중앙 통제자가 없는 분산, 네트워크형 조직을 구현하는 불가사리 체계임에도 불구하고, 교회는 여전히 하나님과 인간의 관계에 대한 수직적 관점을 의사소통 방식[44]에 그대로 적용하여 담임목사 및 당회 중심의 수직적 구조를 선호하는 경향이 있다. 이에 따라 당회의 결정이 곧 법적인 강제성을 지닌 권위주의적 체계가 형성되며, 성도들은 이러한 의사결정에 순종하는 문화를 교회의 운영 방식으로 수용하는 경향이 있다. 그러나 다양성과 다변화가 특징인 현대사회를 살아가는 현세대에게 이러한 수직적이고 권위주의적인 의사소통 체계는 시대착오적이거나 경직된 구조로 인식된다. 따라서 젊은 세대는 자신들의 의사가 의사결정 과정에 제대로 반영되지 않을 경우 참여를 주저하거나 거부한다. 그러므로 교회의 비전을 재정립하는 모든 과정은 수직적 권위주의를 탈피하여, 수평적인 소통과 보편적인 공감대 형성, 그리고 다양성을 수용하는 유연성을 갖추어야 한다. 이러한 관점에서 비전팀에는 평신도 리더뿐만 아니라 청년과 청소년 세대의 참여가 고려되어야 한다.

비전팀이 우선으로 다루어야 할 중요한 과제는 성경적 관점에서 교회의 본질을 심층적으로 재점검하는 것이다. 성경적 교회는 하나님을 예배하는 공동체(예배), 성도들이 상호 사랑을 나누는 친교 공동체(친교), 믿음의 제자들을 양육하는 공동체(양육), 그리고 세상으로 나아가 복음을 전파하는 선교 공동체(선교)의 특성이 있으나 시간이 흐름에 따라 교회 본연의 모

---

44) 랜스 포드·롭 웨그너·앤런 허쉬, 『움켜진 힘을 풀어라』, 권혁수 역, (서울: 넓은숲, 2025), 220-225.

습을 상실하고, 프로그램과 현상 유지의 내부 지향적 공동체로 변질하고 있다. 따라서 이 단계는 단순히 "현재 우리는 무엇을 수행하고 있는가?"라는 현상적 질문을 넘어, "교회란 무엇이며, 우리는 무엇을 실천해야 하는가?", "하나님께서 우리 교회를 이 지역사회에 세우신 목적은 무엇인가?"라는 근본적 질문을 제기하는 중요한 시기가 되어야 한다. 이러한 심층적 질문 과정을 통해 교회는 상실했던 본질을 온전히 회복하고, 선교적 전환의 필요성을 명확하게 인식해야 한다.

또한 이 단계에서는 교회의 현재 상황을 솔직하게 평가하고 진단하는 작업이 동반되어야 한다. 교회의 방향성, 그리고 교회에 본질에 대한 이해, 교회의 강점과 약점, 주변 지역사회와의 관계, 성도들의 신앙 성장 수준, 소그룹의 현황 등을 살펴야 한다. 이처럼 냉철하고 솔직한 현실 진단은 하나님께서 지금 우리 교회를 어디로 인도하시는지 명확히 분별하고, 선교적 전환의 절박한 필요성과 나아가야 할 방향성을 더욱 분명하게 제시해 줄 것이다.

비전팀은 최소한 6개월 안에 4회 이상의 그룹 토의를 체계적으로 진행하고, 그 결과를 종합하여 보고서를 작성한다. 만약 모든 모임이 보고서 작성 없이 토론으로만 이루어진다면, 논의가 책임성이 결여된 추상적이고 비현실적인 수준에 머무를 수밖에 없다. 그렇기에 보고서는 교회의 현재 상황을 명확히 파악하고 나아갈 방향성을 구체적으로 제시하는 데 매우 효과적인 역할을 할 것이다.

이러한 과정에서 핵심적인 요소는 삼위일체 하나님의 선교에 대한 올바른 이해를 회복하는 것이다. 교회가 선교를 '인간의 주도적인 활동'으로만 한정하여 인식할 경우, 소그룹의 목적은 협소해지고 그 기능은 약화할 수 있다. 그러나 선교는 이미 세상 속에서 지속적으로 역사하시는 하나님의 사역임을 명확히 인지하고, 교회는 그 위대한 부르심에 능동적으로 참여해야 할 존재임을 깨달아야 한다. 교회의 본질을 '삼위일체 하나님의 선교에 동참하도록 부름 받은 공동체'로 정의할 경우, 소그룹은 자연스럽게 선교적 지향성을 내포하게 될 것이다.

나아가, 본 단계는 교회의 장기적 비전을 재정립하는 시기이다. 이는 하나님께서 교회를 통해 실현하시고자 하는 미래를 함께 숙고하며, 선교적 교회로서 나아갈 거시적 청사진을 구상하는 과정이다. 이러한 과정은 명목적인 구호에 그치지 않고, 교회 공동체 전체가 공유하며 지향할 영적 방향성을 명확히 정립하는 유의미한 절차이다. 이처럼 비전이 명확하게 수립될 경우, 교회는 표면적인 변화를 넘어 하나님이 기뻐하시는 방향으로의 본질적 전환이라는 확신을 얻게 된다.

따라서, 1단계는 교회가 "무엇을 할 것인가"를 고민하기 전에 먼저 "교회는 무엇을 위해 존재하는가"를 발견하는 근본적 과정이어야 한다. 이 과정이 명확하게 이루어져야만 이후의 모든 단계가 흔들림 없이 진행되고, 선교적 소그룹 전환이 프로그램이 아닌 삼위일체 하나님의 선교와 그의 나라에 뿌리내리게 된다.

2단계   성도들과 교회의 본질과 정체성 공유하기

성도들과 교회의 본질과 정체성을 공유하는 것은 선교적 소그룹 전환을 결정짓는 핵심 단계이며, 1단계에서 정립한 교회의 본질과 사명이 공동체 안에 실질적으로 적용하는 과정이다. 이 단계는 앞서 얻은 정보를 전달하는 차원을 넘어, 교회 전체가 새로운 정체성을 이해하고 수용하여 전환의 여정을 성도들과 함께 책임성을 갖는 영적, 공동체적 합의 과정이다.

먼저, 교회의 비전팀이 정립한 '교회의 존재 목적'이라는 본질적 질문에 대한 응답은 성도들과 성경적 관점에서 공유되어야 한다. 기존에는 교회의 변화 필요성이 담임목사나 당회원들에 의해 인지되었음에도, 성도들의 충분한 공감대 형성 없이 추진됨으로써 갈등과 피로감이 야기되는 경향이 있었다. 그러므로 본 단계에서는 교회의 본질적 특성들(예배 공동체, 친교 공동체, 제자 공동체, 선교 공동체)을 성경적으로 재해석하고, 교회가 단순히 '모이는' 것에 만족하지 않고 '흩어져 세상 속에서 하나님 나라를 구현하는 공동체'임을 성도들이 충분히 이해하고 수용하며, 나아가 이에 적극적으로 참여하도록 하는 게 중요하다.

이러한 정체성 공유를 위해서는 설교와 소그룹 모임을 통해 공유하는 게 중요하다. 특히 설교는 대다수 성도와 보편적으로 소통하는 주요 매개체이므로, 일반 성도들과의 소통에 있어 큰 역할을 한다. 일반적으로 교회 리더들은 교회의 비전과 사역에 적극적으로 헌신하고 참여하지만, 일반 성도들의 헌신도와 참여율은 상대적으로 저조한 것이 현실이다. 그러나 교회의 선교적 사명과 참여는 특정 헌신된 리더 그룹에만 국한되는 것이 아니라, 모든 성도가 각자의 일상과 일터 그리고 지역사회에 파송된 선교사가 되어야 한다. 만약 이러한 선교적 정체성 없이 종교적 의식 수

행에만 만족한다면, 영적인 성숙은 물론이거니와 세상의 빛과 소금, 등경 위에 등불 같은 제자의 본연의 모습은 상실하게 된다.

그리고 비전팀이 작성한 보고서를 소그룹 리더와 공유해야 한다. 설교가 대중들과의 소통이라면, 소그룹 리더와의 공유는 실질적인 참여로 이어지기 때문이다. 소그룹 리더들이 변화의 필요성을 확신할 때, 소그룹은 새로운 방향을 거부감 없이 받아드린다.

교회의 본질적인 정체성과 사명 그리고 교회의 현 상황에 대한 진단, 지역사회와의 관계 속에서 교회가 놓인 자리 등을 구체적으로 공유함으로써 변화의 주체자인 리더들이 '왜 변화해야 하는가'를 느끼고 참여하게 된다. 특히 교회와 기존 소그룹이 가진 한계(지식 중심, 프로그램 중심, 내부 지향성, 관리 유지형, 실천의 부재)를 성찰하고, 반성함으로써 새로운 사명과 필요성을 깨닫는 중요한 과정이다.

특히, 이러한 변화의 필요성과 새로운 도전을 성도들과의 활발한 대화와 깊은 공감의 장을 함께 만들어가는 과정이라는 점이 무엇보다 중요하다. 성도들의 생각과 기대, 불안과 우려, 전환에 관한 질문을 듣고 함께 논의할 때, 전환은 강요나 지시가 아니라 '함께 참여하는 변화'로 받아 들이게 된다.

또한 이 단계는 교회가 선교적 여정이라는 새로운 프로그램을 도입을 위한 변화가 아니라, 삼위일체 하나님의 선교에 참여하는 부르심이라는 사실을 성도들과 재확인하는 시간이다. 이를 위해 교회의 비전과 소명, 기대되는 변화, 선교적 소그룹을 통해 선교적 교회가 된다는 것이 무엇을 의미하는지를 명확하게 공감한다. 성도들이 이러한 비전을 이해하고 가슴으로 받아들일 때, 변화는 저항이 아니라 함께 이루어가는 사명이 된다.

따라서 2단계는 교회 전체가 삼위일체 하나님의 선교에 대해 동일한 정체성, 동일한 목적을 공유하는 선교적 전환의 핵심 단계이다. 이 과정이 충분히 이루어져야만 다음 단계인 셀(그리스도의 몸으로서의 소그룹)로의 전환을 통한 내적 공동체성 회복, 선교적 실천 등으로 원활하게 이어질 수 있다. 성도들이 교회의 본질과 정체성을 깊이 이해하고 공감할 때, 선교적 소그룹 전환은 공동체 전체가 하나님의 부르심에 응답하는 선교적 여정이 될 것이다.

3단계 선교적 소그룹의 내적 역동성을 위해 셀로 전환하기

선교적 소그룹으로의 전환을 위한 3단계는 소그룹의 내면을 건강하게 세우는 기초 단계라고 할 수 있다. 아무리 교회가 선교적 비전과 방향성을 정립한다고 하더라도, 그 비전에 동참할 소그룹 공동체가 그리스도의 몸으로서 내적 역동성을 갖추지 못한다면, 선교적 소그룹으로서 외적인 사명을 감당하기 어렵다. 교회는 본질적으로 모이고 흩어지는 공동체이기에, 함께 모이는 역동성 없이 그 어떠한 영적인 에너지도 기대하기 어렵다. 그렇기에 3단계에서는 기존 소그룹의 구조와 공동체성을 새롭게 재편하여 관계성, 그리고 영성을 포함한 내적 역동성을 회복한 후에 선교적 소그룹으로 전환하는 게 중요하다.

기존의 소그룹은 성경 공부나 프로그램 중심의 모임으로 성경 지식 나늚이나 모임 유지의 효과는 있지만, 서로의 삶을 나누고 실제적인 삶의 변화와 실천으로 이어지는 그리스도의 몸을 형성하는 데는 한계가 있었다. 그래서 기존의 형식적인 소그룹을 내적 역동성 회복에 초점을 두어 그리스도의 몸의 구조인 '셀(Cell)'로 전환해야 한다[45].

그렇기 위해서는 온전한 소그룹 리더 세우기가 우선되어야 한다. 영향력이 있는 리더 한 사람의 변화는 구성원 전체를 변화시킬 수 있다. 그만큼 리더가 중요하다. 하지만, 내적 역동성이 취약한 소그룹은 영향력이 있고, 돌봄의 리더십을 갖춘 리더보다 교회에 오랫동안 헌신한 성도, 혹은 교회 사역에 적극적인 성도를 리더로 세우는 경우가 있다. 사역을 잘하는 사람과 돌봄을 잘하는 사람은 다르다. 그런데도 리더의 부족이라는 현실적 어려움 때문에 검증 없이 세운 리더로 갈등과 어려움을 겪는 경우가 종종 있다.

기존에 관리 중심형 소그룹에서는 어느 정도 리더십의 역량이 부족해도 성경 공부 가이드나 교재를 통해 보완할 수 있지만, 셀로 전환하기 위해서는 셀의 이론과 경험을 동반한 교육과 훈련을 통해 공동체는 관계성과 영성을 재정립해서 리더를 세워야 한다. 특히, 성경적 소그룹은 교회의 부설기관이 아니라, 그리스도의 몸된 공동체이다. 이러한 셀은 지체 간에 상호 의존, 상호책임을 다하는 영적이고 공동체적인 돌봄을 지니는데, 이는 그리스도의 몸으로서 서로 이어지고 연결된 생명체적 원리를 따

---

45) '셀(Cell)'이라는 용어는 구역모임, 목장, 사랑방, 속회 등 기존의 다양한 소그룹 형태를 포괄하는 개념이다. 단지 본 교재에서 '소그룹' 대신 '셀'이라는 용어를 채택한 것은, 기존 소그룹들이 지닌 형식적 한계와 역동성 결여로부터 차별성을 부각하고, 이로 인한 가시적인 변화 효과를 기대하기 위함이다.

   3부. 선교적 소그룹으로의 전환

르며, 나아가 삼위일체 하나님의 '코이노니아(Koinonia)'를 원형으로 지체들의 코이노니아를 형성하기 때문이다. 그래서 먼저 리더부터 공동체적이고, 관계 중심의 신앙관을 구비해야 한다. 그런 후에 셀에 속한 성도들도 머리이신 예수 그리스도 안에서 서로 고백하고, 기도하며, 덕을 세우는 사랑의 공동체로 전환할 수 있다.

이러한 셀 전환은 모임 형식만 바꾸는 것이 아니라, 내적 역동성을 촉진하는 문화와 습관을 재형성한다[46]. 이를 위해 예배, 말씀, 기도, 나눔, 친교, 은사를 통한 지체 간의 사역, 상호 돌봄이 균형 있게 이루어질 필요가 있으며, 성도들이 자신의 연약함을 나눌 수 있는 안전한 분위기, 서로 덕을 세우는 사역, 진정한 사귐과 신뢰의 환경을 만들어야 한다. 이러한 요소들은 선교적 소그룹의 본질적 토양이 되며, 이를 통해 선교적 실천이라는 열매가 성장할 수 있다.

그래서 3단계는 교회에 적합한 소그룹 DNA와 구조와 양육 체계를 임상적으로 적용하기 위해 소그룹 리더에게 먼저 적용하는 게 효과적이다. 리더는 헌신 되었을 뿐 아니라, 일반 성도보다 경험이 상대적으로 많다. 그리고 소수의 리더에게 적용했을 때, 인도하는 목회자와 리더 사이에 상호책임, 상호 피드백을 통해 리스크를 줄이는 장점이 있다. 그런 점에서 3단계는 소그룹 리더훈련 커리큘럼으로 사용하는 게 적당하다.

따라서 3단계 셀의 완성도는 선교적 소그룹의 안정적인 전환을 좌우하는 결정적 요인이다. 많은 교회가 선교적 소그룹으로의 전환을 시도하지

---

46) 라이프 스타일의 습관화는 저자가 쓴 『셀리더 순장 목자 도움서』(두란노)을 참고하라.

만 실패하는 경향이 있는데, 그 원인은 소그룹의 내적 역동성이 충분히 작동하기 전에 외적 실천을 지나치게 강조하는 데 있다. 건강한 셀 전환은 점진적이며 도전적인 과정이지만, 교회의 본질적 지향점을 회복하는 데 필수적인 과정이다. 성도들이 그리스도 안에서 서로를 이해하고 신뢰를 구축하며 공동체적 생명력을 경험하기까지는 상당한 시간이 요구된다. 이러한 과정을 소홀히 하거나 간과할 경우, 내적 역동성이 결여된 외형적인 사역과 행사, 프로젝트만이 난무하게 될 것이다.

4단계 공동체 문화를 모든 셀에 확산하기

4단계는 지금까지 소그룹 리더들에게 적용했던 커리큘럼을 일반 소그룹에 확산하는 단계로, 소그룹 리더가 경험했던 관계성, 영성을 일반 소그룹에 적용하여, 모든 소그룹이 그리스도의 몸을 회복하고, 교회의 머리이신 예수 그리스도와 동행하는 셀의 내적 역동성의 보편화 즉, 문화화를 목표로 한다. 이는 셀이라는 새로운 공동체 중심의 신앙체계가 기존 소그룹에도 확산하여 모든 성도에게 관계성, 영성의 체질 개선이 일어나도록 한다. 따라서 이 단계는 일반 소그룹이 삼위일체 하나님의 코이노니아를 닮은 그리스도의 몸 된 공동체적 삶으로 성도들이 삶에서 보편화, 문화화하는 과정이다.

먼저 이 단계에서 교회는 셀 안에 건강한 관계의 문화가 형성되도록 한다. 이는 친교를 넘어, 서로의 삶을 진실하게 나누고, 상처와 고통을 짊어지며, 신앙의 여정을 진정성 있게 공유하는 문화를 의미한다. 성도들이 셀에서 자신의 연약함을 안전하게 공유하는 분위기, 실수해도 정죄 받지 않는 신뢰, 용납하고 인정하는 마음, 다름을 이해하는 다양성, 서로의 성장을 진심으로 축복하는 마음이 있을 때 비로소 공동체는 상호의존, 상호 책임의 관계로 발전된다.

둘째, 참여의 문화가 조성되어야 한다. 기존 소그룹이 교회 조직구조와 리더 중심의 운영 방식이었다면, 새로운 셀은 성령의 은사로 여러 지체가 한 몸으로 이룬 것처럼, 모든 성도가 하나님 앞에서 동등하게 은사와 소명을 가진 공동체이다(고전 12장). 이를 위해 리더 한 사람에게 집중된 수직적 구조가 아니라, 성도들이 자신의 은사와 달란트를 적극적으로 활용하는 문화가 있어야 한다. 기도와 찬양, 말씀 나눔, 섬김, 사역 인도 등 다양한 영역에서 서로 책임 있는 참여는 셀의 역동을 높이며, 나아가 성도들 스스로가 그리스도의 몸을 온전히 세우는 지체임을 경험하게 된다.

셋째, 셀에서 영적 성장이 이루어진다. 기도, 말씀 묵상, 실천적 순종이 개인의 성장에만 한정된 것이 아니라 공동체의 라이프 스타일로 발전하는 게 중요하다. 예를 들어, 매주 셀에서 기도 제목과 말씀 실천을 나누며, 덕을 세우는 사역들이 일어나 그 영적 역동이 성도들에게 흘러갈 때, 이러한 영적 역동은 선교적 실천을 일으키는 영적 에너지로 발전한다. 이러한 과정을 통해 성도는 영적 성장을 도모할 수 있다.

넷째, 리더는 셀에서의 공동체성 확산에 중추적인 역할을 한다. 리더는 모임의 운영이나 관리, 동원하는 사람이 아니라, 셀 안에 영적 역동과 공동체적 문화를 이끌어가는 인도자이다. 리더의 성품, 관계성, 태도, 대화, 유연성, 수용성 등의 리더십은 셀에서 공동체성을 형성하는 핵심 요소이며, 리더가 보여주는 섬김과 모범, 신앙적 태도는 성도들의 공동체성에 영향을 준다. 교회는 리더들이 이러한 공동체성의 분위기와 문화를 이끌어 가도록 지속적인 코칭과 훈련을 제공해야 한다.

따라서 4단계는 성도 간에 그리스도의 몸으로서 내적 역동성을 구축하는 관계성, 영성, 신뢰의 문화 등 공동체성을 확산하는 단계이다[47].

주의할 점은 이 단계를 순차적 과정으로 이해해서는 안 된다. 다시 말해, 어떤 목표 달성을 위한 단계별 진행이 아니란 의미이다. 4단계는 그리스도의 몸을 형성하는 단계로 소그룹 모임의 내적 역동이 문화화되는 코이노니아가 전제되어야 한다. 즉, 행 2:44-47절과 고전 12장과 에베소서에 나타난 공동체성이 기초가 되어야 한다. 소그룹이 공동체 신뢰성이 형성된 보편적 관계로 발전될 때 비로소 4단계의 목표를 이룰 수 있다. 이처럼 4단계가 어느 정도 안정적으로 진행될 때, 셀은 외적 실천을 준비하는 내적 역동성을 갖추게 되며, 이후 선교적 소그룹 전환의 배경을 마련하게 된다.

5단계 **셀을 다시 선교적 소그룹으로 전환하기**

5단계는 선교적 소그룹의 전환에서 중요한 전환점으로 앞서 1-4단계에서 세워온 내적 역동성을 외적 사명과 연결하여 앞서서 일하시는 하나님의 선교에 참여하는 '보냄 받은 공동체', 즉 선교적 소그룹으로

---

47) 4단계는 필자의 100일간의 셀 라이프 형성에 관한 『셀리더 순장목자 도움서』를 참고하면 유용할 것이다.

재구성한다. 그러나 이러한 전환은 4단계와 마찬가지로 순차적 전환이 아니라, 교회와 소그룹 그리고 성도들이 자신들의 삶의 방식을 '선교적 세계관'과 '선교적 삶의 방식'으로 재해석하는 선교적 훈련이 전제되어야만 명확해진다.

우선, 선교적 소그룹으로의 전환은 사역이나 프로그램을 추가하는 문제가 아니라, 소그룹의 정체성을 재정의하는 또 한 번의 체계 전환이다. 지금까지 셀에서 내적 역동성인 관계성, 영성에 집중했다면, 이제는 셀 공동체가 하나님 나라를 위해 세상으로 파송된 존재로 인식의 변화가 있어야 한다. 이를 위해 셀은 자신의 은사, 관심사, 지역적 특성, 성도들의 가정과 일상 그리고 일터를 살피며, 하나님께서 자신을 초대한 현장이 어디이며, 앞서서 일하시는 하나님의 선교 현장에 어떤 일이 일어났는지 발견하는 게 중요한 과제이다. 그러나 이러한 발견은 지금까지의 영적 경험이나 감수성으로는 불가능하다. 새로운 패러다임과 선교적 훈련이 요구된다.

이때 제공되는 선교적 훈련은 정보 전달이나 교육보다 선교적 소그룹이 삼위일체 하나님의 선교적 관점으로 세상을 바라보고, 삶의 태도와 성품, 영성을 재형성하는 통합적 훈련이다. 훈련의 영역은 선교적 영성, 선교적 성품, 선교적 공감, 선교적 여정, 선교적 상황화, 선교적 제자도 등 여섯 가지로 주로 선교적 소그룹이 '교회 밖의 교회'로서 갖추어야 할 선교적 정체성이다.

먼저 선교적 영성 훈련을 통해 성도들이 일상을 하나님 나라의 현장으로 삼아 영적 분별을 연습하고, 말씀과 기도, 실천이 통합된 영성임을 배우며, 공동체가 함께 하나님의 인도하심을 들어야 한다. 이어서 선교적 성품 훈련은 선교적 실천의 바탕이 되는 인격과 태도를 다듬는 과정이다. 성령의 열매를 바탕으로 섬김, 긍휼, 관심, 환대, 희생과 같은 예수의 성품이 관계 속에서 자연스럽게 나타나도록 하는 것이 목표이다.

선교적 공감 훈련은 선교의 동력이 되는 관계적 공감성을 기르는 과정이다. 이웃의 고통을 듣고, 타자의 현실 속에 머물며, 경청과 공감의 태도를 배우는 것은 관계 선교를 가능하게 한다. 그다음 선교적 여정 훈련은 성도가 자신의 일상적인 삶의 여정에서 선교적 실천을 시작하고 이를 지속해서 수행하도록 돕는 훈련이다. 이 훈련은 성도 개인이 자신의 주변 환경과 지역사회를 관찰함으로써 하나님의 일하심을 분별하고, 작은 실천을 시도하며, 선교적 소그룹에서 공동체적 성찰을 통해 선교적 삶을 실천하는 체계적인 훈련이다.

또한 선교적 상황화 훈련은 복음을 자기 삶의 자리에서 어떻게 이해하고, 표현할지 고민하게 한다. 문화와 복음의 관계, 가정과 일터, 지역사회에서의 적절한 복음적 실천 방법 등을 배우면서, 성도들은 복음의 본질을 훼손하지 않고, 표현 방식은 환경과 상황에 맞게 대응함을 배운다. 마지막으로 선교적 제자도 훈련은 소그룹이 일반적인 공동체를 넘어 예수 그리스도를 따르는 제자 공동체가 되게 한다. 이 훈련은 성도들의 세계관, 삶의 양식, 행동, 언어, 우선순위 등 전반적인 영역이 선교적 제자의 삶을 구현하도록 한다. 제자도는 '자기 삶의 전 영역에서의 순종'이며, 이는 예수의 가르침을 따르는 삶을 일상과 통합하는 과정이다.

6단계 소그룹별로 선교적 여정 실험하기

선교적 소그룹 전환 과정의 6단계는 가장 역동적이며 현장 중심의 실천적 단계로 이해될 수 있다. 이전 단계들에서 교회는 본질을 재확인하고, 공동체를 셀(Cell) 형태로 재편하며, 선교적 영성, 성품, 공감, 상황화, 제자도 등의 훈련을 수행하였다. 이제 이러한 내적 변화와 훈련의 결과가 실제 삶의 현장에서 '작은 순종', '작은 실험', 그리고 '작은 시작'으로 구체화하는 단계가 바로 '선교적 여정 실험'이다.

이처럼 작은 규모로 시작하는 이유는, 기존 교회의 사역과 행사들이 주로 이벤트나 분위기 조성을 통해 성도들의 적극적인 참여를 유도하였으나, 이는 종종 상대적인 부담감과 높은 책임감을 수반했기 때문이다. 반면, 작은 시작은 '누구나', '무엇이든지' 시도해 볼 수 있는 환경을 제공한다는 이점을 지닌다. 그러한 관점에서 6단계의 작은 시작은 실패를 두려워하기보다 실패를 통해 교훈을 얻으려는 실천적 자세의 첫 단추를 제공한다.

그래서 6단계의 핵심은 완성된 사역을 만드는 게 아니라, 앞서 일하시는 하나님의 일하심의 자리에서 작게, 그러나 실제로 참여해 보는 것이다. 특히 일상에서 선교적 실천을 배우는 6단계 선교적 실천 모델(하나님의 음성 듣기, 이웃의 음성 경청하기, 분별하기, 실험하기, 성찰하기, 사역으로 결정하기)은 선교적 소그룹에서 구체적으로 선교적 여정을 적용해보는 과정이다[48].

---

48) 선교적 실천 6단계는 알랜 락스버그의 「새로운 여정을 위한 새로운 실천」을 적용하였다.

먼저 선교적 소그룹은 성경 말씀과 기도, 영적 대화를 통해 공동체 안에서 반복적으로 떠오르는 말씀이나 주제, 대화가 무엇인지 살피며 하나님의 음성을 듣는 시간을 가진다. 이 단계는 우리가 무엇을 할지를 결정하는 시간이 아니라, 하나님과의 관계성, 그리고 우리의 여정에 개입하시는 하나님을 발견하는 영적 관찰의 과정이다. 선교적 여정은 내가 주도하는 것이 아니라, 하나님이 주도하시기 때문에 하나님으로부터, 하나님과 함께 그리고 하나님에 의해 시작하지 않으면 안 된다. 그래서 하나님의 음성 듣기는 선교적 소그룹의 선교적 여정에 있어서 가장 중요한 과정이다.

그다음에는 성도들이 자신의 일상과 일터에서 만나는 동료, 주변 사람, 지역사회의 상황을 주의 깊게 살피며 이웃의 음성을 경청하게 된다. 동네의 변화나 문제, 주요 과제 혹은 일터에서 일어나는 다양한 상황을 관찰하면서 앞서서 일하시는 하나님의 일하심을 현장에서 발견하게 된다. 이러한 하나님이 주시는 마음과 실제 이웃의 필요를 나란히 놓고, 선교적 소그룹에서 함께 분별한다. 이는 성령께서 참여하시는 선교적 실천을 알아가는 과정이다.

이러한 분별을 바탕으로 선교적 소그룹은 작고 부담 없는 선교적 실험을 시도한다. 이 실험은 거창한 사역이 아니라, 작은 발걸음으로 시작하는 실천이다. 예를 들어, 이웃의 이야기를 듣는 시도, 동네의 외로운 이웃에게 안부를 묻는 전화, 직장 동료를 식사로 초대하는 작은 관심 표현, 커피 한잔 나누기, 마을을 걸으며 지역을 위한 기도를 드리는 활동, 지역 복지기관이나 학교를 방문해 필요를 살펴보는 활동, 길거리에 휴지줍기 등 다양한 활동이 될 수 있다. 이러한 실험의 목적은 성공적인 사역을 위한 것이 아니라, 하나님이 일하고 계신 현장을 더 깊이 이해하고 공동체가 선교적 감각을 기르는 데 있다.

실험 이후에는 반드시 성찰의 과정이 요구된다. 소그룹은 해당 경험을 공유하며 관찰된 현상, 경험된 감정, 이웃의 반응, 그리고 하나님은 무엇을 가르치셨는지 등에 대해 상호 교환한다. 이러한 성찰은 실험 결과를 실패나 좌절로 인식하는 대신, 하나님께서 선교적 소그룹을 더욱 명확하게 인도하시는 자원으로 활용하는 핵심적인 과정이다. 이러한 성찰이 반복적으로 수행될 경우, 소그룹은 점진적으로 자신들에게 위임된 사역의 방향성을 명확하게 인지하게 되며, 나아가 "하나님께서 우리 공동체를 이 사역으로 부르셨다"라는 확신을 얻게 된다. 이 단계에서 소그룹은 이러한 경험을 기반으로 어떻게 하나님의 선교에 참여할지, 우리가 할 수 있는 게 무엇인지 등을 성도들과 함께 결정함으로써, 실제적인 사역으로의 전환 단계로 발전하게 된다.

따라서 이 과정은 선교가 거대한 프로젝트나 조직적 사역이 아니라, 일상 속 작은 순종을 통해 하나님이 일하심을 발견하고 참여하는 삶임을 배우게 한다. 작은 실험을 통해 실패의 두려움을 극복하고, 공동체는 상호 학습과 성장을 경험하고, 점진적으로 영적 민감성을 증진시키며 선교적 삶의 지평을 확장한다. 그러기에 6단계는 소그룹이 내적 역동뿐 아니라, 교회 밖에 하나님 나라를 삶으로 실천하는 선교적 공동체로 전환되는 실제적 시작점이며, 이후 7단계에서 교회 전체의 선교적 로드맵을 새롭게 그릴 수 있는 중요한 자료와 경험을 제공하는 핵심 단계가 된다.

선교적 로드맵 그리기는 선교적 소그룹 전환 과정에서 '두 번째 전환 점'이라 할 수 있다. 앞서 6단계에서 각 소그룹이 작은 실험을 통해 다양한 선교적 실천을 경험했다면, 그 경험을 바탕으로 전 성도와 함께 나아갈 선교적 방향과 목회적 구조를 재정립해야 한다. 이 단계는 계획을 다시 정비하는 시스템 차원이 아니라, 교회 전체가 "앞서서 일하시는 하나님의 선교에 어떻게 참여할 것인가?"를 묻는 영적 분별의 과정이며, 교회가 나아갈 선교적 방향성을 목회와 신앙에 적용하여 공동체 비전으로 재형성하는 시간이다.

무엇보다 이 단계의 핵심은 소그룹에서 일어난 실제 선교적 실천의 경험을 교회 전체의 '큰 그림'으로 확장하는 데 있다. 6단계에서 소그룹들이 경험한 작은 실험들(이웃과의 관계 형성, 지역사회 관찰, 취약계층 돌봄, 직장 내 선교적 행동, 공동체적 성찰)은 단회적 이벤트가 아니라, 하나님께서 교회와 공동체 안에서 이미 시작하신 삼위일체 하나님의 선교를 보여주는 실질적 데이터이다. 7단계는 이러한 경험을 모아, 앞서서 일하시는 하나님께서 우리 교회를 어떻게 하나님의 선교에 초대하셨는지 발견하는 단계이다.

이를 위해 첫 번째로 중요한 작업은 소그룹들의 실천 경험을 체계적으로 수집하고 해석하는 일이다. 각 소그룹은 작은 실험에서 배운 점, 관찰한 지역사회 필요, 이웃의 목소리, 하나님의 일하심에 대한 분별을 정리하여 공유한다. 이 과정에서 소그룹별 실천이 서로 비교, 통합됨에 따라, 교회는 지역사회에서 공통으로 발견한 선교적 패턴(예: 청소년 돌봄, 독거노인 문제, 직장 내의 문제, 지역사회 관계망 약화, 지역사회의 필요 사항, 경제적 어려움 등)을 확인할 수 있다. 이러한 패턴은 교회의 선교적 로드맵을 재구성하는 중요한 기초 자료가 된다.

이러한 자료 수집 및 분석은 1단계 때 조직된 비전팀이다. 비전팀은 1단계에서 발견했던 교회의 본질과 사명, 선교적 정체성에 관한 초기 보고서와 비교하여 현재 상황과 실제로 경험한 선교적 실천이 비전과 전략과의 어떤 상호관계가 있는지 점검한다. 이 과정에서 다음과 같은 질문은 중요한 역할을 한다.

- 1단계에서 우리가 세웠던 비전과 정체성은 실제 소그룹 실천에서 어떻게 구체화하였는가?
- 당시 우리가 예상했던 '선교적 방향성' 중 현실에서 더 선명해진 것은 무엇인가?
- 반대로 무엇이 수정되거나 폐기되어야 하는가?
- 선교적 실천을 통해 새롭게 발견된 지역사회의 필요나 사명은 무엇인가?
- 교회 전체가 앞으로 집중해야 할 선교적 초점은 무엇인가?
- 성도들이 자신의 선교적 여정에서 발견한 것은 무엇이며, 자신의 신앙과 어떤 연관성이 있는가?

즉, 비전팀은 초기 보고서와 소그룹의 경험과 비교해서 하나님의 선교가 어떻게 진행되고 있는지, 그리고 우리의 참여는 무엇인지 분별한다. 이 과정에서 보고서는 추상적 선언에서 벗어나, 실질적 실행 계획과 방향성을 갖춘 구체적인 선교적 로드맵으로 발전하게 된다.

이렇게 정리된 자료들은 교회 전체의 선교적 비전으로 통합된다. 교회는 소그룹들이 발견한 공통된 선교적 패턴과 하나님이 보여주신 선교의 방향을 종합하여, 다음과 같은 내용을 포함한 교회 차원의 선교적 로드맵을 새롭게 그린다.

- 교회가 앞으로 집중해야 할 선교적 핵심 분야
- 지역사회와의 관계 맺기 전략
- 소그룹별로 지속될 선교적 사역의 방향
- 교회의 장기적 선교 비전
- 예배, 교육, 양육, 리더십 구조에 반영될 변화
- 선교적 실천을 지속 가능하게 하는 지원 체계

이 로드맵은 교회의 연중 사역 계획이 아니라, 교회가 하나님의 선교에 참여하기 위한 성경적 비전과 실행 전략이 결합한 청사진이다. 즉, 교회의 목회적 방향성이 프로그램 중심에서 선교적 삶 중심으로 전환되는 중요한 변곡점이다. 이렇게 새롭게 설계된 선교적 로드맵은 앞서서 일하시는 하나님의 선교에 참여하는 공동체의 결단이다. 성도들이 자신들의 일상의 삶에서 하나님 나라에 참여하는 선교적 정체성을 확인하고, 그렇게 선교적 공동체로 살아가고자 하는 출발점이 된다.

따라서 7단계는 소그룹에서 시작된 작은 순종과 실험이 교회 전체의 방향성으로 확장되는 결정적 순간이며, 이미 교회 안과 지역사회 속에서 진행되고 있는 삼위일체 하나님의 선교를 공동체 전체가 함께 발견하고 참여하는 선교적 전환의 핵심 단계이다.

8단계 교회의 선교적 시스템 구축하기

8단계는 선교적 소그룹 전환이 일시적인 변화나 개별적인 실험에 머물지 않고, 교회 전체의 시스템과 문화의 보편화를 위해 제도적, 조직적 재구성하는 단계이다. 지금까지 진행된 1~7단계가 선교적 정체성을 발견하고, 공동체가 변화하고, 실제적인 실험을 통해 선교적 방향성을 확인하는 '내·외적 영적 전환'이었다면, 8단계는 이 전환이 실제로 교회의 운영 시스템을 변화시키는 '구조와 체계의 전환'이라 할 수 있다. 다시 말해, 선교적 소그룹을 중심으로 선교적 교회가 지속 가능하도록 교회의 시스템을 재구성하는 게 주요 목적이다.

이 단계에서 고려해야 할 것은 탈지역화에 맞는 교구 구조 재편이 포함되어야 한다는 점이다. 현대 도시 교회는 더 이상 성도들이 교회 주변에 밀집해 거주하는 형태가 아니며, 출퇴근, 주거 이동, 교통 동선이 다양해져 기존의 '지역 중심 교구'가 실제 공동체 형성과 목회적 돌봄에 적합하지 않은 경우가 많다. 따라서 교회는 거주지 중심의 교구보다, 삶의 영역(일터 중심, 가족 중심, 생활권 중심), 관계 기반, 혹은 소그룹 기반으로 재구성된 교구 체계를 마련해야 한다. 이는 선교적 소그룹이 지역뿐만 아니라, 각자의 삶의 자리에 뿌리내려 일터와 일상의 관계망에서 선교적 실천을 가능케 하는 근거가 된다.

둘째, 기존의 행정 조직과 교육체계를 선교적으로 재조정해야 한다. 일반적으로 교회는 프로그램과 사역 중심의 행정체계로 되어 있으며, 교육체계 역시 성경 공부나 내적 신앙 성장과 헌신에 집중된 경우가 많다. 그러나 선교적 교회는 교회의 모든 행정, 교육, 지원 시스템은 내적 사역뿐 아니라, 선교적 삶을 실천하는 구조로 내외적 균형성을 갖추도록 조정되어야 한다. 예를 들어, 양육 과정은 성경 공부와 기본 교육에 선교적 영성, 상황화, 공감, 제자도를 포함하는 통합적 양육으로 개편할 수 있으며, 행정 조직은 교구 관리나 프로그램 운영 중심에서 벗어나 선교적 소그룹 지원, 지역사회 연결, 선교적 실험 지원, 선교적 리더십 및 멘토링을 중심으로 재편할 수 있다.

셋째, 목회의 방향성도 교회 공동체의 내적 역동과 함께 선교적 목회도 포함해야 한다. 선교적 교회는 '교회 내부 지향적 목회'에서 '삶의 현장을 향한 목회'를 포함한, '성도들을 교회 안에 모으는 목회'에서 '성도들을 모이고 흩어지는 목회'로 방향을 바꾸어야 한다. 이는 설교, 목양, 행정, 예배, 교육 등 교회의 사역이 어느 한쪽으로 치우치지 않고, 그리스도의 몸 된 공동체성과 하나님 나라 그리고 선교적 정체성 중심으로 통합 목회를 의미한다. 목회자는 성도들을 "교회에서 무엇을 해야 하는가"만이 아닌, "삶의 자리에서 하나님 나라를 어떻게 드러낼 것인가"라는 대내·외적 통합적 관점으로 양육해야 한다. 이는 선교적 소그룹의 관계성과 영성을 지원하고, 성도들의 일상과 일터 지역사회에서 삼위일체 하나님의 선교에 대한 이해와 성도들의 사역을 코칭하는 새로운 목회 패러다임이 필요하다.

넷째, 선교적 소그룹도 시간이 지나면서 고착화하거나 특정 프로그램에 갇혀 형식화되거나, 기존 소그룹과 동일한 방식으로 굳어지는 것을 막기 위해 유연성, 창의성, 독립성을 보장하는 시스템이 필요하다. 이것은 시대적, 문화적 상황화를 유기적으로 적용한 것으로서 고착화, 매뉴얼화에 갇히지 않으려는 방법이다[49]. 선교적 소그룹은 본질적으로 "살아 있는 유기적 공동체"이며, 변화하는 지역사회와 이웃의 필요에 반응해야 한다. 따라서 교회는 소그룹이 정해진 틀에 갇히지 않고 성령과 통행하는 역동성을 유지하는 다음과 같은 환경이 필요하다.

- **유연성** 소그룹이 다양한 형태로 존재하도록 조직적, 선택적 유연성을 확보하고, 획일적 운영 방식을 강요하지 않는다.
- **창의성** 지역, 구성원, 은사에 따라 각 소그룹이 독창적인 선교적 실천을 여과 없이 시도할 수 있도록 자율적이고 창의적인 아이디어를 인정한다.
- **독립성** 소그룹이 교회의 획일적인 프로그램에 종속되지 않고, 각자의 사역 방향에 따라 스스로 결정하고 실행할 수 있는 독립성을 부여한다.

이를 위해 교회는 '가이드 라인 제공'과 '자율성 보장'의 균형이 있어야 한다. 최소한의 목회적 기준은 제시하되, 구체적인 실천은 소그룹이 각자 삶의 자리와 은사에 따라 정하도록 하는 시스템이 필요하다. 또한, 지나친 통제나 평가 중심의 시스템이 아니라, 코칭과 소그룹 간에 네트워크 중심의 지원 시스템을 구축하여 선교적 소그룹이 정체되지 않고, 지속해

---

49) 딘 플레밍, 『신약성경의 상황화』, 22.

서 성장하고 발전하도록 도와야 한다.

이런 점에서 8단계는 선교적 소그룹 전환을 일시적 변화에 머물지 않고, 교회 조직 전체의 지속 가능한 선교적 구조로 재편하는 과정이다. 교회의 행정, 교육, 조직, 교구, 목회 방향, 소그룹 운영 체계가 모두 선교적 정체성을 중심으로 재구성될 때, 선교적 소그룹 운동은 교회의 단기적인 캠페인이 아니라 교회 전체의 삶을 변화시키는 구조적 전환으로 정착하게 된다. 이러한 시스템 구축은 선교적 교회의 필수적 기반이며, 이를 통해 교회와 선교적 소그룹과 성도들은 하나님이 이미 앞서 일하시는 지역 사회 속으로 더욱 깊이 참여하는 교회가 된다.

9단계 분별과 성찰을 통한 조정하기

이번 단계는 선교적 소그룹이 지속적으로 성장하고, 방향성을 잃지 않도록 돕는 중요한 순환적 단계이다. 이 단계는 앞선 단계에서 진행된 다양한 실험, 실천, 시스템 전환 등이 교회의 선교적 정체성과 실제적 사역으로 정착되어 지속성이 유지하는 영적이고 조직적 점검 과정이다.

먼저 이 단계는 각 소그룹과 교회 전체가 지금까지 무엇을 경험했고, 어떤 변화가 있었는지, 그리고 하나님께서 어떤 것을 깨닫게 하셨는지를 깊이 성찰하는 시간이다. 지금까지 소그룹의 선교적 여정과 사역을 실천 속에서 발견된 하나님의 인도하심, 이웃의 필요, 공동체 내, 외적 변화와 도전을 하나씩 되짚어 보는 과정이 필요하다. 이를 통해 공동체는 "무엇을 했는가?"보다 "무엇을 배웠는가?"를 중심으로 성찰하고, 선교적 감수성과 영적 민감성이 더욱 깊어진다.

또한 이 단계는 실천의 열매만이 아니라, 그 과정에서 드러난 문제점, 한계, 갈등, 어려움도 정직하게 다루는 과정이다. 예를 들어, 소그룹 내 참여도가 낮았거나, 선교적 실천이 특정 사람에게만 집중되었거나, 혹은 지역사회 접촉에서 벽을 느꼈다면, 이를 피하지 않고 공동체 전체가 함께 나누며 해석해야 한다. 이러한 문제점은 실패가 아니라, 하나님께서 소그룹 공동체에 보여주시는 새로운 조정의 신호일 수 있기 때문이다.

9단계는 또한 성찰을 바탕으로 다음 단계로 나아가기 위한 조정과 재정렬의 시간이다. 소그룹은 성찰 과정에서 드러난 배움과 통찰을 바탕으로 사역 방향을 수정하거나, 새로운 대상을 설정하거나, 실천의 규모, 속도, 방식 등을 조정할 수 있다. 이는 선교적 여정이 정해진 계획을 따라가는 일방적인 구동이 아니라, 하나님과 지역사회의 실제 상황에 유연하게 반응하는 성령께서 동행하시는 살아 있는 여정임을 보여준다.

이러한 조정은 소그룹 차원을 넘어, 교회 전체의 선교적 시스템을 다시 한번 점검하고 보완하는 역할도 한다. 예를 들어, 8단계에서 구축된 선교적 시스템에 보완이 필요한 부분인 교구 조정, 행정 구조 개선, 교육체계 조정, 리더십 지원 체계 강화 등이 발견된다면, 이 단계에서 교회는 필요한 보완과 재조정할 수 있어야 한다. 이 과정은 선교적 시스템이 구조로 고착되는 것을 방지하고, 교회가 선교적 정체성에 놓치지 않고 지속해서 성장하도록 돕는 과정이다.

이처럼 9단계는 공동체가 다시 한번 하나님께서 어디에서 일하고 계시는가를 바라보며, 선교적 여정의 목적을 새롭게 확인하는 시간이다. 성찰은 활동을 마무리하는 단계가 아니라, 선교적 공동체가 다음 단계로 나아가기 위한 영적 호흡과 같은 역할을 한다. 성찰을 통해 공동체는 겸손함을 배우고, 하나님께서 주시는 새로운 가능성과 부르심을 발견하며, 이전보다 더 지혜롭게 다음 실천을 준비할 수 있다.

그래서 9단계는 선교적 소그룹의 지속성 원리가 적용되어 공동체가 「반복적 실천—성찰—조정—새로운 실천」이라는 선교적 순환 구조 속에서 하나님 나라의 일에 더 깊이 참여하도록 만드는 핵심 단계이다. 이 단계가 충실하게 이루어질 때, 선교적 소그룹은 사역 공동체가 아니라, 하나님과 동행하며 배우고 성장하는 하나님의 선교적 백성의 공동체가 된다.

10단계 선교적 실천을 문화화하기

10단계는 선교적 전환의 마지막 단계이자, 선교적 소그룹이 교회와 성도들의 일상에서 신앙생활로 자리 잡는 문화화 과정이다. 앞 단계까지 소그룹은 작은 실천을 반복하며, 교회는 이를 돕는 시스템을 구축하고, 성찰을 통해 방향을 조정해 왔다. 이제 교회가 할 일은 이 선교적 흐름이 일시적 운동으로 끝나지 않고, 교회에서 성도들의 신앙생활, 목회, 예배, 교육, 대화, 일상에 자연스럽게 녹아들게 만드는 것이다.

문화화의 첫 번째 요소는 스토리텔링의 확산이다. 선교적 실천은 프로그램보다 이야기로 전해질 때 더 효과적이다. 소그룹에서 작은 변화의 경험, 하나님이 일하신 순간들, 이웃과 사랑의 교제, 신앙의 성숙이 예배와 나눔, 간증, 소식지, 리더 훈련 등에서 소개되며 자연스럽게 확산한다. 이 러한 스토리들은 성도들에게 "선교는 특별한 사람이 하는 일이 아니라, 누구나 일상에서 참여할 수 있는 삶의 방식"이라는 확신을 심어 준다.

두 번째 요소는 리더십과 구조 속의 내재화이다. 선교적 가치와 관점은 담임목사의 설교뿐 아니라, 교육 과정, 회의 방식, 리더 양육 체계, 교회 행사 등에 적용되고 재해석된다. 교회의 당회나 중직자들은 선교적 관점 으로 문제를 이해하고, 회의를 진행하며, 성도들을 양육하고 사역을 통해 변화된다. 이러한 변화는 자연스럽게 교회의 DNA로 체질화한다.

세 번째는 다음 세대에 선교적 정체성을 전달하는 과정이다. 선교적 소 그룹은 어른들의 실천에만 머무르지 않고, 어린이, 청소년, 청년들이 동 일한 패러다임으로 신앙을 재해석하게 된다. 어린아이들도 일상에서 하 나님 나라를 실천하는 작은 경험을 하고, 청소년들은 학교생활과 공부하 는 과정에 성경적 세계관으로 하나님 나라를 이해하며, 청년들은 소그룹 공동체와 일터나 학교에서 선교적 삶을 경험하게 된다. 이렇게 세대 간에 선교적 여정이 이어질 때, 선교적 삶은 교회뿐 아니라, 성도 자신의 신앙 으로 성숙함을 갖추게 된다.

이러한 선교적 문화화는 선교적 실천이 특별한 활동이 아니라 성도가 하나님의 선교적 백성으로, 소그룹이 선교적 플랫폼으로, 교회가 하나님 의 선교에 참여하는 공동체가 되는 것이다. 성도들이 예배를 드릴 때나 소그룹에서 모일 때도, 각종 사역에 참여할 때도 그리고 목회자가 심방을 할 때나 설교를 준비할 때나 다음과 같은 본질적 질문을 자연스럽게 할 수 있어야 한다.

• "우리는 이 상황에서 어떻게 하나님 나라를 드러낼 것인가?"

• "이 결정을 통해 우리는 어디로 파송되는가?"

• "하나님께서 이미 일하고 계신 곳은 어디인가?"

이 질문이 성도들의 신앙과 소그룹의 DNA에 그리고 교회에 신앙체계로 정착할 때, 선교적 문화는 성령이 이끄시는 선교적 생태계로 자리 잡는다.

그래서 10단계는 선교적 소그룹의 완성이 아니라, 선교적 교회로 살아가는 선교적 여정의 출발점이며, 교회 전체가 삼위일체 하나님의 선교에 지속적으로 참여하는 공동체로 성숙해 가는 과정이다.

03 선교적 소그룹 전환 로드맵의 주의 사항

로드맵을 통한 선교적 소그룹으로의 전환은 교회의 현 상황, 소그룹의 건전성, 그리고 주변 환경에 대한 고려 없이 1단계부터 10단계까지 맹목적으로 진행하는 것은 바람직하지 않다. 각 단계는 상호 연관성이 있으며, 교회의 문화, 조직구조, 구성원 간 관계, 외부 환경, 그리고 목회 철학에 따라 다른 결과가 도출될 수 있다. 그러므로 로드맵의 실행은 유연해야 하며, 진행 과정에서 발생할 위험 요소에 대한 경계와 대응 역량 또한 필수적이다.

선교적 소그룹 전환의 핵심은 교회의 성경적, 신학적 근거와 비전의 일치성에 기반하여 진행되어야 한다. 이러한 전환 과정이 특정 프로그램의 도입이 아니라 교회의 방향성 및 존재 양식을 재구성하는 근본적인 작업임을 고려할 때, 변화가 전개되는 동안 "교회의 존재 목적은 무엇이며?", "하나님은 우리 교회를 어디로 부르시는가?"와 같은 본질적인 질문들이 지속적으로 제기되어야 한다. 아울러 전환 과정에서 소그룹 리더의 선발, 코칭, 및 지속적인 보살핌은 필수적인 지원책이다. 리더가 소진되거나 혼란을 경험할 경우, 변화의 동력을 상실하거나 탈진할 수 있기에, 리더십 양육 및 동반자적 지도는 핵심적인 과제이다.

더불어 성도들의 참여와 공감대 형성을 소홀히 해서는 안 된다. 변화는 끊임없는 노력과 필요성을 성도들과 공유할 때 효과적이다. 또한 '작은 실천'을 잘 활용하는 것도 중요하다. 작은 실천의 경험은 선교적 실천의 방향성을 예측하게 함으로써 불안감을 해소하는 장점이 있다.

선교적 소그룹 전환 과정에서 특별히 유의해야 할 점은 첫째, 선교적 소그룹을 또 하나의 프로그램으로 오해하는 것이다. 교회는 과거에 이러한 프로그램을 여러 차례 시도한 경험이 있으며, 이러한 시도는 종종 성도들에게 냉소적인 반응과 거부감을 초래하였다. 다시 말해, 과거의 부적절한 적용은 변화의 함정으로 작용하여 수동적인 태도만을 초래하였다. 이는 교회의 본질적인 문제 해결보다는 형식적인 프로그램이나 사역에만 집중했기 때문에 성도들의 공감을 얻지 못한 결과이다. 기존의 조직이나 교육체계가 유지된 채 '선교적 소그룹'이라는 명칭만 추가된다면, 이는 기존의 무의미한 변화가 반복되는 결과만을 초래한다. 따라서 선교적 소그룹으로의 전환은 프로그램 도입이 아닌, 교회의 정체성 변화임을 지속적으로 강조하고 공유해야 한다.

둘째, 변화를 지나치게 빠른 속도로 강제해서는 안 된다. 변화의 속도가 과도할 경우 리더와 성도들은 피로감을 느끼며, 변화의 거부감으로 과거의 익숙한 상태로 회귀하려는 경향을 보일 수 있다. 변화는 속도보다는 공동체가 수용할 수 있는 적절한 리듬을 유지하는 것이 중요하다.

셋째, 교회가 소그룹을 통제하거나 일률적인 가이드 라인을 강요하면, 소그룹 안에서 창의성과 유연성이 사라지고, 지역과 일상, 문화적 다양성을 수용하는 선교적 실천이 불가능해진다. 선교적 소그룹은 각자의 상황에서 자유롭게 움직일 수 있는 공간이 되어야 한다.

넷째, 선교적 전환 과정에서 리더십 간의 갈등, 기존 조직과 새로운 조직 간의 충돌, 세대 간 인식 차이와 같은 관계의 문제들이 발생할 수 있음을 염두에 둬야 한다. 변화는 필연적으로 마찰이 생긴다. 따라서 충분한 소통, 수용적 태도, 열린 대화, 그리고 목회자와 리더십의 인내는 변화과정에서 반드시 유지해야 할 중요한 태도이다.

다섯째, 선교적 소그룹으로의 전환이 교회의 본질적 사명을 회복하고 지속 가능한 성장을 도모하는 중요한 과정임에도 불구하고, 교회 행정, 재정 운영, 인적 자원 편성 등의 제반 시스템이 선교 지향적으로 재편되지 않는다면, 초기의 열정과 시도는 마치 길가에 뿌려진 씨앗처럼 일시적인 현상에 그치고 소멸할 위험이 있다. 이러한 맥락에서 탈지역화에 맞게 기존의 교구 시스템을 재배치하고, 목회자의 역할을 관리자에서 선교적 코치로, 교회의 사역은 프로그램과 행사 중심에서 관계와 선교적 실천 중심, 선교적 사역 중심으로 예산 구조 편성, 신앙 지식 중심에서 선교적 성품, 공감, 영성, 여정, 상황화, 제자도로 교육체계의 재배열이 따라야 한다. 기존의 시스템이 선교적 정체성, 목적으로 바뀌지 않으면 선교적 문화는 형성되지 않는다.

따라서 선교적 소그룹 전환 로드맵을 실천한다는 것은, 새로운 사역 구조를 만드는 것이 아니라 교회가 삼위일체 하나님의 선교에 참여하는 새로운 정체성을 형성하는 일이다. 이를 위해서는 성경적·신학적 기초, 열린 리더십, 공감대 형성, 성도들의 참여, 관계성, 영성, 조직적 유연성을 갖추어야 한다. 그리고 변화는 긴 여정이라는 사실을 기억하며, 조급함보다는 인내와 배움의 태도로 천천히 그러나 꾸준히 실행해야 한다. 그렇게 할 때 선교적 소그룹 전환은 프로그램이 아니라 교회와 소그룹 그리고 성도 각자의 삶으로 자리 잡게 될 것이다.

참고문헌

국내 도서

강준민 외. 『포스트 코로나 시대와 교회의 미래』. 서울: 동연, 2020.

김현진. 『공동체 신학』. 서울: 예영커뮤니케이션, 1988.

송민호. 『선교적 교회로 가는 길』. 용인: 킹덤북스, 2021.

송인규. 『평신도 신학 1』. 서울: 홍성사, 2001.

이평강. 『셀리더 순장 목자 도움서』. 서울: 두란노, 2022.

최동규. 『미셔널처치』. 서울: 대한기독교서회, 2017.

번역 도서

대럴 구더 편저. 『선교적 교회』. 정승현 역. 인천: 주안 대학원대학교 출판부, 2016.

데이비드 보쉬. 『길의 영성』, 김동화·이길표 공역, 서울: 한국 해외선교회출판부, 2023.

          . 『변화하고 있는 선교』. 김병길·장훈태 역, 서울: CLC, 2010.

딘 플레밍. 『신약성경의 상황화』. 변진석 역, 서울: GMF Press, 2022.

마이클 모이나. 『새로운 상황적 교회』. 최동규 역, 서울: 기독교문서선교회, 2025.

마이클 프로스트. 『성육신적 교회』. 최형근 역, 서울: 새물결플러스, 2016.

마이클 프로스트·앨런 허쉬. 『새로운 교회가 온다』. 지성근 역, 서울: IVP, 2023.

랜스 포드·롭 웨그너·앨런 허쉬. 『움켜진 힘을 풀어라』. 권혁수 역, 서울: 넓은숲, 2025.

랄프 네이버. 『셀교회 지침서』. 정진우 역, 서울: NCD, 2003.

레슬리 뉴비긴. 『다원주의 사회에서의 복음』. 황병룡 역, 서울, IVP, 2007.

스탠리 하우어워스. 『교회됨』. 문시영 역, 서울: 북코리아, 2010.

스탠리 하우어워스·윌리엄 윌리몬, 『하나님의 나그네 된 백성』. 김기철 역, 서울: 복 있는 사람, 2008.

알랜 락스버그. 『교회 너머의 교회』. 김재영 역, 서울: 한국기독학생회, 2018.

알랜 락스버그·스캇 보렌. 『선교적 교회 입문』. 이후천·황병배·이은주 역, 고양: 한국교회선교연구소, 2014.

앨런 허쉬. 『잊혀진 교회의 길』. 오찬규 역, 서울: 아르카, 2020.

에디 레오. 「공동체, 하나님이 거하시는 집」. 이세일 역, 안산: 큰숲, 2013.
위르겐 몰트만. 「십자가에 달리신 하나님」. 김균진 역, 서울: 한국신학연구소, 1989.
찰스 크래프트. 「기독교와 문화」. 임윤택·김석환 공역, 서울: 기독교문서선교회, 2006.
크리스토퍼 라이트. 「하나님 백성의 선교」. 한화룡 역, 서울: IVP, 2012.
크레이그 밴 겔더·드와이트 J. 샤일리. 「선교적 교회론의 동향과 발전」. 최동규 역, 서울: 기독교문서선교회, 2015.
테렌스 프레타임. 「구약에 나타난 하나님의 고통」. 조덕환 역, 서울: 시들지 않는 소망, 2024.
팀 켈러. 「센터 처치」. 오종향 역, 서울: 두란노, 2016.
폴 던바 & 앤서니 블레어. 「변화에 무너지는 교회, 변화에 성공하는 교회」. 한국교회선교연구소 역, 고양: KOMIS, 2016.

외국 도서

Alan Roxburgh. *missional map making*, San Francisco: Jossey-Bass, 2010.
Scott Boren. *Missional Small Groups: Becoming a Community That Makes a Difference in the World*, Grand Rapids,
    MI: Baker Books, 2010.
    . Missiorelate. Texas: TOUCH Publications.
Roger Helland & Leonard Hjalmarson. *Missional Spirituality*. IL: IVP, 2011.

학술지

강성호. "선교적 교회를 위한 덕 윤리: 조나단 에드워즈의 참된 미덕의 본질을 중심으로."
    「선교신학」 제73집 (2024): 19-23.
신문궤. "공감의 학제적 담론에서 공감 신학의 실천으로." 「신학과 실천」 제52집 (2016): 827-846.
최동규. "선교적 교회의 평신도들을 위한 사도직 이해." 「선교신학」 제41집 (2016): 453-490.
    . "성품 공동체로서의 선교적 교회." 「장신논단」 제48집 (2016): 324-326.

소그룹의 혁신
- 교회의 본질에서 교회의 미래로 -

초판 1쇄 인쇄 2026년 4월 01일
초판 1쇄 발행 2025년 4월 10일

지은이 이평강
펴낸이 김춘자
펴낸곳 목양북

등록 2024년 3월 22일 제2024-047호
주소 경기도 용인시 처인구 양지면 학촌로53번길 19
전화 070-7561-5247 팩스 0505-009-9585
이메일 mokyang-book@hanmail.net

Copyright ⓒ 킹덤처치연구소 2026

ISBN 979-11-995524-7-0 (03230)